人物叢書

新装版

牧野伸顕《まきののぶあき》

茶谷誠一

日本歴史学会編集

吉川弘文館

牧野伸顕

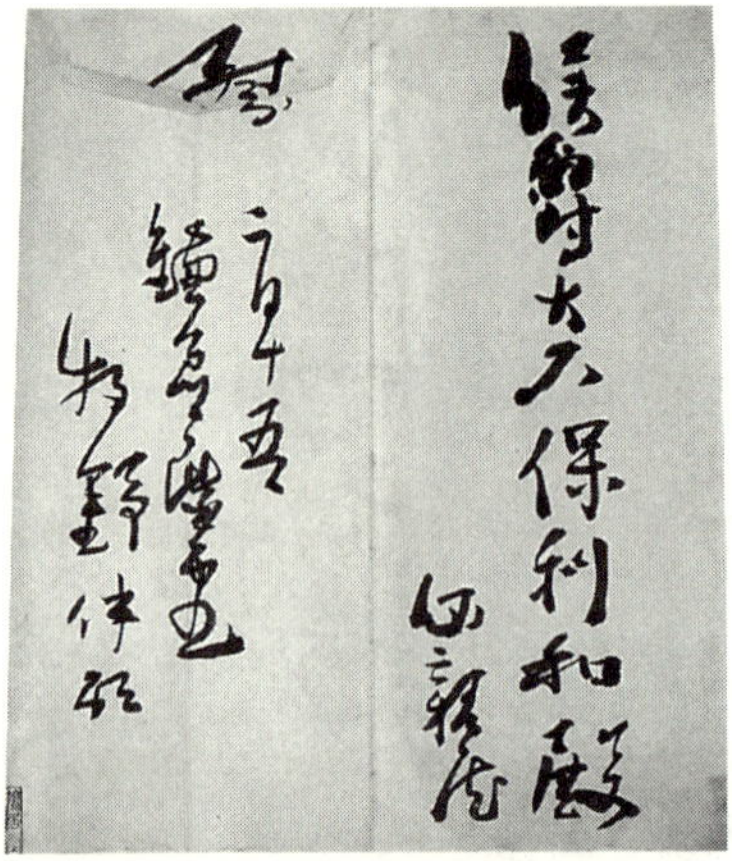

侯爵大久保利和殿 必親展

封

二月十五 鎌倉ヨリ 牧野伸顕

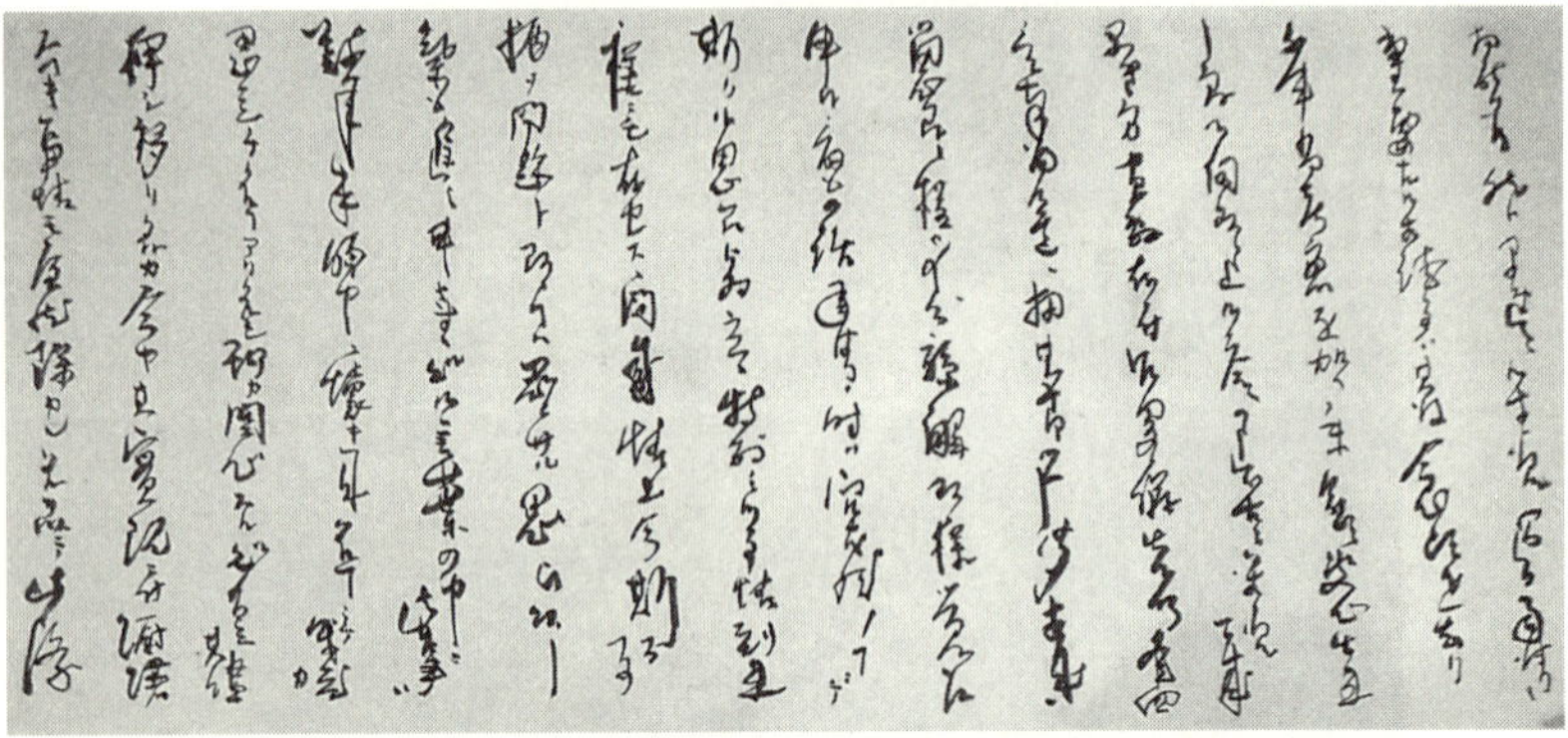

兄利和に宛てた牧野の書簡（大久保利恭氏所蔵，著者撮影）

弟利武への侯爵家継承に賛同する旨が記されている．

はしがき

現代において、牧野伸顕という人物をどれだけの人が知っているであろうか。おそらく、その名前を知っているだけで、一般的には歴史好きとみなされるであろう。高校での日本史教育や大学受験を経験した方ならば、一度は手にしたことであろう、『日本史用語集』（山川出版社）での牧野伸顕の数値は三である。つまり、現在、使用されている高校生用の日本史Bの教科書一一社（二〇〇八年四月現在分）のうち、三社しか牧野の名前が載っていないのである。中高生時代に歴史の授業で学んでこなかった人物のことを、大人になって覚えることのほうが稀かもしれない。

また、近現代史に多少精通している人であれば、牧野が「大久保利通の子にして、吉田茂の岳父（義父）」ということまでは知っているのではないだろうか。ただし、世間における牧野の認知度は、この程度ではあるまいか。

ところが、大正時代や戦前の昭和時代での牧野の認知度は、現代と異なり、学生でも知らない人がいないというほど圧倒的に認知されていたはずである。

なぜ、これほどまで、同じ人物の認知度に差が生じるのか。歴史上の人物として、同時代人が少なくなれば認知度が下がるのは当たり前であるが、牧野の場合、それだけに限らず、戦後、国家体制が根本的に変化したということが大きく影響していたといえよう。

長年にわたり、天皇に仕える側近として働いてきた牧野は、大日本帝国の時代の人間であり、現在の日本国憲法の時代の人間ではなかったのである。その点、牧野の女婿（娘の夫）にあたる吉田茂とは正反対である。吉田は、新憲法の成立にたずさわった日本国憲法の時代の人間として認識され、今では、牧野の認知度をはるかに凌いでいる。

ただし、牧野を昔の人として忘却すべきではない。牧野の人生を追うことは、ひいては明治から昭和戦前期における近代国家日本の繁栄と挫折の歴史をみていくことにつながるのである。また、戦後の日本再建の第一歩ともいえる象徴天皇制の成立過程にも牧野は関与しているのである。

本書で牧野伸顕の生涯を論じていくにあたり、まず、古今における牧野の人物評を紹介しておきたい。

牧野伸顕への評価として、外相時代からパリ講和会議全権までの言動を分析した細谷千博氏の研究がある。細谷氏は、牧野について、「リベラルな政治的立場」を保持し、「すぐれた識見の持主であった」と高く評価するいっぽう、世論や国内外の情勢に逆らってまで自己の所信を貫くことのできなかった、「大勢順応主義」的で「慎重」な人物であったと指摘する。そして、牧野は、大久保利通、伊藤博文の流れをくみながらも、「実践面での慎重さと迫力の不足」から、「二代目」の政治家にとどまる人物であったと、やや厳しい評価を下している（細谷千博『日本外交の座標』中公叢書、一九七九年）。

牧野の性格については、同時代を生きた馬場恒吾（政治評論家）も、「牧野の熟慮は有名になっている」と述べ、父の大久保利通ほどの積極的な勇気はないが、「消極的に自分の所信を守る事においては勇気がある」と観察していた（馬場恒吾『現代人物評論』中央公論社、一九三〇年）。

このような牧野の慎重な性格は、いかにして形成されていったのであろうか。その答えを探りつつ、最後に私なりの分析結果を紹介したいと思う。

なお、本書で引用する資料については、読者の便宜を考慮し、文語体の原文を読み下し文に改めて（一部の意訳を含む）掲載していることをことわっておく。

二〇一三年八月三〇日

茶谷誠一

目次

口絵

挿図

挿　表

第一　牧野伸顕のおいたち

一　大久保利通の子として

加治屋町に生れる

一八六一（文久元）年一〇月二二日（新暦一一月二四日）、牧野伸顕は、父の薩摩藩士大久保利通と母満寿子《ますこ》の次男として、鹿児島県加治屋町下加治屋《かじやまちしもかじや》（現在の鹿児島市加治屋町）に誕生した。生後一週間ほど後、いまだ命名されていなかった子どもは、大久保家に集まってきた薩摩藩同志の高崎正風《たかさきまさかぜ》（歌人）により、伸熊《のぶくま》と名づけられた（『回顧録』上、一一頁）。

牧野家の養子となる

伸熊は、生前からの約束により、出生後、親族の牧野家の養子となったものの、そのまま大久保家で育てられることになった。また、養父の牧野吉之丞《きちのじょう》が一八六三年に新潟県で戦死してしまったため、伸熊は、実父の利通のもと大久保家で暮らし、苗字だけが「牧野」という環境で育っていくのである。

郷中教育と造士館教育

幼少期の牧野は、薩摩藩独自の藩士子弟の教育組織である郷中《ごうじゅう》（薩摩では「ごじゅう」と呼称）にて、四書五経の読み書きや剣術などを習いはじめる。牧野の記憶が正しければ、牧野は、数え年六、七歳の頃に父に連れ立って新照院《しんしょういん》郷中に仲間入りし、一〇歳になる頃に鹿児島城の南側にあった聖堂（造士館《ぞうしかん》）での選抜式教育もうけはじめ、二重教育を施されていたはずである。父の利通も、同じように下加治屋町郷中と造士館で二重教育をうけていた（鹿児島県立図書館編『薩摩の郷中教育』薩摩の郷中教育頒布委員会、一九七二年）。

郷中は仲間意識が強く、郷中同士の喧嘩もよくあったらしい。後年、冷静沈着なたたずまいをみせる牧野も、この頃は近隣の郷中の少年らと喧嘩をするなど、自由奔放に育っていた。

新照院へ引っ越す

なお、利通と牧野の郷中が異なるのは、この間に大久保一家が引っ越しているからである。利通の出生地は高麗《こうらい》町で、幼少の頃に加治屋町に移住し、そこで次男の伸熊が誕生している。それから一年半ほど経過した一八六三年七月一日（新暦八月一四日）、薩英戦争開戦に備え、藩主島津《しまづ》忠義《ただよし》と父の久光《ひさみつ》が鹿児島城の西に藩庁を移した際に、利通も加治屋町から城西の新照院（現在の鹿児島市新照院町）に新邸を築き、家族もそこへ避難させていた（勝田孫弥『大久保利通伝』上、同文館、一九一〇年、四五八頁）。

牧野の育った地

今回、牧野伸顕の伝記を執筆するにあたり、著者は牧野の生誕地付近を訪ねてみた。

造士館跡地の碑（著者撮影）

牧野伸顕誕生之地の碑（著者撮影）

加治屋町の大久保利通邸跡地には、石碑が建てられている。世間の大久保と牧野の認識の差を象徴するかのように、「大久保利通君誕生之地」（実際の誕生地は高麗町）という大きな碑のすぐ脇に、「牧野伸顕誕生之地」と彫られた小さな石碑がひっそりと建っている。

新照院の大久保利通邸については、鹿児島市役所や同教育委員会の調査でも特定されていないとのことであった。新照院町は、西に甲突川《こうつきがわ》、東に城山にはさまれた地形である。なお、加治屋町の大久保邸跡地から新照院町までは、北北西に約一キロといった距離であった。新照院町から造士館跡地の石碑がある山下町まで歩いてみたが、切り立った城山の崖が迫っている感じで、牧野も造士館への往復の際には、この城山の風景を眺めながら通っていたことであろう。

幕末の動乱

江戸時代が続いていれば、牧野は、薩摩藩士として一生を送っていたはずである。しかし、世は幕末の動乱期であり、牧野が誕生してから幼少期を過ごした期間には、生麦事件、薩英戦争、大政奉還、王政復古、そして、明治維新と、近代日本への移行に向けた重要な出来事がつぎつぎと起こっていた。薩摩藩と長州藩は、幕末期から明治維新にかけて中心的な役割をはたしており、そのなかでも、父の大久保利通の活躍はめざましかった。

牧野の明治維新観

明治維新当時の記憶につき、牧野は、後に「別にこれと言って私の記憶に残っていない」と語っている。そのいっぽうで、牧野は、父の大久保利通や西郷隆盛らが、日本の近代国家建設に献身的に奉仕したことを高く評価し、幼少期の時点で、「この人たちは普通の人たちよりも一桁《ひとけた》上の人間である」（『回顧録』上、二二頁）という印象を抱くようになった。牧野にとっての明治維新とは、先達の偉人らによって達成された一大事業であり、理想化された記憶として頭に刷りこまれていき、のちのちまで牧野の国家経綸《けいりん》に影響をおよぼすこととなる。

維新功労者への崇拝

すなわち、大久保利通、西郷隆盛、伊藤博文ら明治維新で活躍した政治家を尊敬する牧野の歴史観は、天皇を支えるべき理想の政治家、側近像へと収斂していき、彼らのような有能な忠臣を天皇の側近に配置すべきという思想を形成させていくのであった。それと同時に、牧野は、維新によって成立した天皇を中心とする国家体制を守っていかなければならないという使命感を抱くようになる。

上京

幼少期の牧野の生活は、父の大久保利通の政治活動と歩みをともにする。一八六九（明治二）年、大久保らの尽力によって東京遷都が実現し、以後、天皇は皇居（当時は宮城と呼称）に居住することになる。遷都により、政府機能も東京に置かれることとなり、大久保は新しく東京の霞が関に自宅を構えた。その後、大久保が西郷隆盛を中央に引きだすため鹿児島に帰省した際、一八七一年一月二日（新暦二月二〇日）に長男の彦熊《ひこくま》（彦之進《ひこのしん》、大久保利和《としなか》）と次男の牧野の二人をともなって故郷の地から出立する（大久保利和ほか編『大久保利通日記』下、日本史籍協会、一九二七年、一四七頁）。

語学研修

上京後、牧野と兄の利和は、利通から語学習得を勧められ、当時、洋行帰りの大山巖《いわお》（陸軍大佐）が寄宿していたフランス人宅に住まわされた。そこで、牧野と利和は、約半年間、フランス語を習いながら生活していた。「親英米派・牧野伸顕」の原点は、フランス語の勉学から始まったのである。

岩倉使節団に随行

近代国家建設という目標をかなえるため、明治政府は、不平等条約改正の予備交渉や欧米各国の法制、文物の調査研究を目的とする岩倉遣欧使節団の派遣を決定した。牧野は、副使大久保利通の子という立場を生かし、留学生の一員として使節団に随行することを許された。当初、利通は長男の利和だけを連れていくつもりであったが、牧野も兄とともに洋行を希望して父に頼みこみ、随行を許されたのであった。

父の教育観

利通が利和と牧野の随行を許可したのは、親の愛情という単純な理由からではなく、子どもの将来を見すえた教育論にもとづいていた。すでに、利通は、上京直後の利和と牧野をフランス人宅に預けて語学の勉強をさせており、その頃、鹿児島の家族に宛てた手紙のなかでも、「今後は外国の学問を学ぶことが重要であり、子どものうちからそうするべきだ」という教育観を語っている（『大久保利通文書』四、三五三〜三五七頁）。そのため、大久保にとっても、岩倉遣欧使節は子どもたちに欧米の進んだ学問に触れさせる絶好の機会だったのである。実際、牧野は、最初の訪問国アメリカで十分な語学力を身につけて帰国し、その後の立身出世に大いに役立たせていくのである。

鉄道に乗車

父の利通に随行することとなった利和、牧野の兄弟は、出発の地となった横浜まで、使節団一行とともに開通したばかりの品川・横浜間の汽車に乗車した。牧野は、文明開化の代名詞ともいえる蒸気機関車にいち早く乗りこんでいたのであった。

アメリカ到着

一八七一年一一月一二日（新暦一二月二三日）、使節団関係者百数名を乗せた船は横浜港を出航し、一二月六日に最初の訪問国、アメリカのサンフランシスコに到着した。現地の建造物の大きさに圧倒された牧野は、この時の感想として、「米国がいかに物質的に富んでいるかが感じられた」（『回顧録』上、二七～二八頁）と回想している。少年牧野の目に映ったアメリカの近代的都市風景は、この後の留学経験とともに、将来の対米観を形成させる原点となったことであろう。

アメリカ残留と留学

アメリカの各都市を回った使節団は、首都ワシントンに到着した。使節団の最大の目的であった不平等条約改正に向けた予備交渉は、アメリカ側から一蹴されたため、あえなく頓挫をきたした。そこで、使節団はもう一つの目的であった欧米の近代的制度、文物の調査研究に集中し、アメリカからヨーロッパへ渡ることとなった。

牧野と兄の利和は、当初の予定ではフランスに留学することになっていた（『大久保利通文書』四、四一八～四二〇頁。なお、牧野自身は、『回顧録』内でドイツに留学する予定であったと記憶している）。ところが、使節団の目的が変更となったため、牧野と利和の兄弟は、二人でアメリカに残り、アメリカの学校に留学することとなった。

米国留学中の牧野と利和

米国ピークスキルの学校に留学中の牧野と利和．左が牧野，右が利和（1872年撮影．大久保利泰氏所蔵，画像データ提供：東京大学馬場章研究室）

牧野のアメリカでの留学生活は、約二年半におよんだ。牧野と利和は、はじめ東海岸のピークスキル（ニューヨーク州）という小さな町の学校に入った後、フィラデルフィアのマントア・アカデミーという米国聖公会系の中学校に入学した。十代前半の多感な時期をアメリカの地で過ごしたことは、牧野の自由主義的な人格形成や協調外交を信奉する「親英米派」としての政治信条を育むのに大きな影響をもたらした。

なお、歴史小説家の桐野作人氏は、牧野と利和の兄弟が留学中にベースボールに親しみ、帰国後の開成学校在学中にも日本式の野球に参加していた事実を牧野の述懐をもとに紹介し、この二人がアメリカで野球をした最初の日本人だったかもしれないと指摘している（『南日本新聞』二〇〇八年五月一〇日）。

父からの帰国指示

アメリカ留学も二年を迎えると、父の利通から息子二人宛てに帰国を促す手紙が届くようになる。牧野と利和はアメリカ滞在を希望していたが、利通は、東京でも外国の学問を学べるし、かつ、漢学を学ぶことも大切であると説き、二人に帰国を促した（『大久保利通文書』五、二五七〜二五八、五五六〜五五七頁）。そのため、牧野と利和の二人は、一八七四年の夏休みに合わせて帰国することとなった。

帰国と鹿児島帰省

一八七四年、約二年半ぶりに帰国した牧野と利和は、墓参りのため故郷の鹿児島に帰省し、同地で一ヵ月ほど休養した後、母の満寿子や弟たちをともない上京する。なお、二人が日本に帰国した時、利通は台湾出兵をめぐる清国との交渉のため、全権使節に任命されて東京を発っており、牧野らの帰国と入れ違いになってしまっていた。

利通は、無事に交渉を終えて帰国する途上、長崎から鹿児島にいる子どもたちに宛てて、「彦之進と伸熊との久しぶりの面会を楽しみにしているので、なるべく早く鹿児島を出発するように」（『大久保利通文書』六、一九〇〜一九二頁）と、上京を促す手紙を送っていた。

清国との難交渉

なお、利通が担った清国との交渉は、決裂寸前にまでいたる難航の末、イギリスの仲介もあり、何とか協議をまとめるほどの大仕事であった。利通が子どもたちに宛てた手紙は、清国との交渉が決裂して日清戦争に発展していれば、家族の安全を考え鹿児島在留を勧める内容となっていたかもしれない。

父との再会

父からの再会を待ちわびる手紙に接した大久保一家は、早速、上京する。一八七四年一二月九日、東京入りした牧野、利和の兄弟と父の利通は久しぶりの再会をはたした。この日の利通の日記には、ふだんは自身の心情について言及しない大久保には珍しく、「今日は彦之進や伸熊をはじめ、家族一同が到着したとのことなので、早々と帰宅し、久しぶりの再会に安心した」（『大久保利通日記』下、三五九頁）と、率直に歓喜の心境を記している。

開成学校に入学

帰国した牧野と利和は、父の口添えにより東京開成学校（東京大学の前身）に入学する。入学後、牧野は、平日は寄宿舎に身をおき、週末に利通の住む自宅に帰っていたようで、父の在宅時には家族や叔母らと夕食をともにしていた。公務で忙しい日々をおくっていた利通も、息子たちが自宅に帰ってくると、喜んで会食をすすめていたという。

熱海での休暇

牧野は、父と一緒にいる機会が少なかったと語っている。そんななか、一八七八年三月二二日から四月七日にかけ、牧野は利通と親子二人だけで熱海旅行に出かけている。西南戦争の処理に奔走していた利通が持病の痔を発したため、次男の牧野を連れて伊豆熱海の温泉で休養することにしたのであった（『大久保利通文書』九、九九〜一〇〇頁）。おそらく、利通にとっても人生最後の休養となったはずである。

利通と牧野は、二週間ほどくつろいだ後、四月七日に帰宅の途についた。明治政府の実質的な最高権力者であり、日々、仕事に追われる父であったが、帰宅した際には温かく迎えてくれるような、ごく普通の親子関係は、この後、一瞬にして引き裂かれてしまう。

二　牧野の家族と親族

紀尾井町事件

一八七八（明治一一）年五月一四日、大久保利通は霞が関にあった自宅から赤坂仮御所で開かれる閣議に出席する途上、千代田区紀尾井坂手前の清水谷において、石川県出身士族の島田一郎らの襲撃をうけ、斬殺されてしまう。利通の受けた傷の半分は頭部に集中しており、その遺体は正視に耐えられるものでなかったという（遠矢浩規『利通暗殺』行人社、一九八六年）。

衝撃の知らせ

この日、牧野は東京大学で授業をうけていたが、大久保家の者がやってきて父の襲撃

贈右大臣大久保公哀悼碑（著者撮影）

暗殺現場脇に立つ石碑（1888年建立）.

清　水　谷（著者撮影）

紀尾井坂方面からみた清水谷.

を知らされた。兄の利和とともに急ぎ帰宅したものの、牧野を待っていたのは無残に殺害された父の遺骸であった。あまりに凄惨な様子に、牧野をはじめ、家族一同は言葉を発することもできず、ただ、沈黙して座するほかなかった。

盛大な葬儀

利通の葬儀は、五月一七日に挙行され、天皇からの勅使や政府首脳者、英米ら各国公使が一同に会した、国葬に匹敵する盛大な式となり、儀式は一一時から二一時半にまでおよんだ(同前)。長男の利和が喪主を務めた葬儀に牧野も遺族として参列し、父を見送っている。

父の死について

父利通の暗殺について、牧野は『回顧録』のなかでも深くは言及しておらず、当日の経過をとつとつとした口調で語っている。そこには、父親を亡くした悲しみや襲撃犯に対する憎悪の感情などがまったく表現されていない。その他の回想などでも、牧野は父について、肉親として触れ合った体験や印象より、客観的に維新の英傑としての側面を強調、賞賛するような言葉を多く残している。

父への想い

それでも、牧野は父の家族想いの一面を覚えており、家庭での利通の姿につき、真面目だが子煩悩で、妹の芳子を出勤前のわずかな時間に抱き上げてかわいがっていたことや、自宅でも子どもたちを書斎に招き入れて遊んでいたことを懐かしそうに語っている。

改名

また、後に孫娘の吉田和子（吉田茂の娘、麻生和子）が歴史の本に書かれた曾祖父の大久保利通の印象を「理知的だが、何となく冷たい人のようだ」と評した時、牧野は、「そんなことはない、たいへん情け深い人だった」（麻生和子『父吉田茂』）と返している。

牧野にとっての大久保利通像とは、日本を欧米流の近代国家に導いた維新の功労者という公的な印象と、真面目で家族想いの父親という私的な印象の両面を持ち合わせた偉大な人物として、心の中に深く刻まれていたのである。

『回顧録』に収録された大久保利謙《としあき》（牧野の甥）作成の年譜によると、牧野は、東京開成学校入学後に一時、「是利《これとし》」と名のり、さらに、一八七七（明治一〇）年頃に「伸顕《のぶあき》」と改名したとある。しかし、利通の葬儀に関する公文書「贈右大臣正二位大久保利通追葬略記乾」（アジア歴史資料センター、本館・二A・〇三八・〇五・葬〇〇〇〇一一〇〇、国立公文書館所蔵）や『大久保利通文書』第九巻に所収の「葬儀之記」によると、葬儀列席者の牧野の名前が「是利」と記されている。利通の葬儀が行われた一八七八年五月の時点で、牧野は、まだ是利と名乗っていたのである。つまり、開成学校入学後に是利と改名した牧野は、一八七八年五月以降に伸顕と改称したことになる。いずれにせよ、牧野は、この改名により、牧野伸顕として人生を歩んでいくのであった。

母の死

利通の急死は、妻の満寿子にも大きな精神的ストレスとなってしまった。もともと健康にすぐれなかった満寿子は、夫の急死に悲痛し、心身を患い病床につくようになり、利和や牧野らの看病も虚しく、利通の死から半年あまり過ぎた一八七八年一二月七日、夫の後を追うように亡くなった（『大久保利通伝』下、七九二頁）。こうして、牧野は、同年のうちに両親を亡くすという不幸に見舞われてしまったのである。

心境の変化

両親の死が、当時一七歳の牧野の心境に大きな衝撃をあたえたことは想像に難くない。牧野は、相次ぐ両親の死で大学をしばらく休学していたが、復学して勉学に励んだ。当時を知る牧野の知人は、図書館で読書にひたる牧野の様子に、利通の死をうけた牧野が以前とは別人のような雰囲気を漂わせるようになったと語っている（『牧野伸顕伯』七一頁）。

牧野の親族

牧野の父は、言わずと知れた「維新三傑」の一人、大久保利通である。牧野と父との関係については、これまで述べてきたとおりである。ここでは、牧野の親族について、おもに兄弟を中心に紹介しておく。

大久保利通と妻満寿子との間には、長男彦熊（利和）、次男の伸熊（牧野伸顕）、三男三熊《さんくま》（利武《としたけ》）、五男雄熊《ゆうくま》（石原雄熊）、長女芳子《よしこ》、の五人の子がおり、さらに京都の茶屋の娘ゆう（おゆう）との間にも、四男達熊《たつくま》（利夫《としお》）、六男駿熊《しゅんくま》、七男七熊《しちくま》、八男利賢《としかた》の四人の男児をもうけていた（佐々木克『大久保利通』）。

大久保利和

利通暗殺後、長男の利和が大久保家の継嗣となり、一八八四年七月制定の華族令によって侯爵を授けられた。利和の幼少期は、次弟の牧野と行動をともにすることが多く、開成学校入学までの経過は、牧野と同じである。その後、利和は大蔵省主計官を務めた後、貴族院の侯爵議員となり、議員活動をしながら鉄道事業にも興味を示し、一八八一年一一月の日本鉄道会社の設立にも参加している。

侯爵家の継承

父の跡を継いだ利和であったが、夫人尚《なお》との間に子どもをもうけることができないまま、一九一八（大正七）年一〇月に尚が亡くなってしまう。継嗣のいない利和は、大久保侯爵家を兄弟に譲ることを決意し、三男の利武を養子として、侯爵家を継がせている。

大久保利武

利武は、海外留学から帰国後、内務官僚となって県知事を歴任し、その後、貴族院議員に任命された。利武は、兄の利和、伸顕とともに父利通や西郷隆盛に関する文書の整理、編集に尽力した。このうち、兄弟で収集した父の書簡、文書などをまとめた『大久保利通文書』（全一〇巻）が、一九二七（昭和二）年から二九年にかけて刊行されている。また、利武は、自身が聴取した政治情報を牧野に提供しつつ、ときに牧野へ側近候補者を斡旋するなど、政治秘書的な役割もはたしていた。

大久保利謙

利武の長男が歴史学者の大久保利謙であり、国立国会図書館憲政資料室設置の際に、数多くの資料の収集に努めた。利謙の長男である大久保利泰《としひろ》氏が語るように、利武の文書整理や史学に対する興味が利謙の人生に大きな影響をあたえたことは確かであろう。利謙は、伯父の牧野の人柄について、「謹厳であまりしゃべらない。どっしりと重みのある感じ」（大久保利謙『日本近代史学事始め』）であったと回想している。

大久保利賢

利通の八男で牧野の異母弟にあたる利賢は、東京帝国大学卒業後、横浜正金銀行に入行し、一九三六（昭和一一）年九月に頭取に就任すると、戦時中の一九四三年三月までその地位にあった。ちょうど、利賢がロンドン支店の支配人を務めていた時、パリ講和会議の全権に任命されて渡欧してきた牧野ら一行と現地で再会している。また、利賢の岳父は高橋是清であり、後年の側近時代、牧野は、高橋との会見時に世間に目立たぬよう渋谷区向山町（現在の恵比寿南）の利賢邸をよく利用していた。

伊集院芳子

妹の芳子は、同郷の外交官伊集院彦吉《いじゅういんひこきち》のもとに嫁ぐ。牧野は、義弟となった伊集院と政界で活動をともにすることも多かった。牧野は、伊集院に公務上の情報を伝える際に、妹や子どもたちの体調を心配する一文を書き添えている。また、牧野は、第二次西園寺内閣で農商務相を務めていた際、辛亥革命への対処をめぐる政府や外務省の不定見の姿勢に憤って辞職を願いでた駐清公使の伊集院を慰留するため、長文の書簡を送っている（尚友俱楽部ほか編『伊集院彦吉関係文書』一、芙蓉書房出版、一九九六年、三二九〜三三一頁）。義兄から諭された伊集院は、憤慨しつつも、しばらくの間、公使にとどまることを決意するのであった。

大久保家の結束

利通の遺子たちは、両親を早く亡くした後、兄弟同士で結束し、終生まで良好な家族関係を維持していく。とくに、利和、伸顕、利武の年長の三兄弟が中心となり、毎年五月一四日の利通の命日には、「お祭り」と称して兄弟の一族を集め、結束を誓いあっていた。この参集の行事は、彼らの子どもたち（利通の孫世代）にも引き継がれ、利通の一〇〇回忌あたりまで毎年参集していたという。現在は曾孫の代となり、五年おきの記念年に集まっているという（大久保利桊氏談）。

牧野峰子

牧野は、一八八七年七月二三日に同郷の内務官僚、三島通庸《みしまみちつね》の次女峰子《みねこ》と結婚する。義父となった三島との関係を深めようとしていた牧野であったが、結婚の翌年一八八八年一〇月に三島は亡くなってしまう。

また、牧野家は、妻峰子の姉園子（三島通庸の長女）の夫で外交官の秋月左都夫《あきづきさつお》とも親交をもち、晩年まで気軽に往来し歓談できる関係を維持していく。

牧野にとっての親族、家族

このように、牧野は、大久保家の兄弟のほか、親戚の三島家、伊集院家、秋月家の人たちとも終生にわたって親交を重ねていくのであった。牧野は、自宅に親族を招いて団欒することを楽しみにしていたというが、これも家族の時間を大事にしていた父の利通から受け継いだ慣習だったように思われる。

三　牧野の私生活と人柄

利通の応対法

牧野が父の利通のことを語っているなかで、人との接し方についてもふれている。アメリカ留学から帰国後、牧野は漢学の勉強のため、今度は中国への留学を希望し、父に相談したところ、反対されるわけでもなく、再考を促されたという。この点につき、牧野は、頭から反対せずにもう一度考えさせるのが父のやり方であったと語っている（佐々木克『大久保利通』）。

まず相手の話をよく聞き、それが自分の意見と異なっていたとしても、頭ごなしにそれを否定せず再考させる、この父の接し方を牧野は後に活用していく。側近時代に牧野と接した人々の意見や文書からも、その一端をうかがうことができる。

関屋の語る牧野

宮内大臣《くないだいじん》時代の牧野を次官として支えた関屋貞三郎《せきやていざぶろう》は、牧野の人柄に関する次のようなエピソードを語っている。牧野と関屋が陣頭にたって実行した宮中改革は、旧慣の維持に固執する華族から反発を招いた。とくに、次官の関屋に対しては更迭を求めるような強硬意見もあり、保守的な華族関係者が連日、牧野を訪ねて不満を口にしていた。これに対し、牧野は、辛抱強く批判の言葉を聞くだけで反論せず、すべて聞き終わると、「私はそう思いません」と返し、相手を唖然とさせて帰らせたという。関屋は、自分を擁護してくれる牧野の姿勢に感服し、「牧野さんに助かったよ」（関屋友彦『使命感に燃えた三人男』紀尾井出版、二〇一〇年）と家族に語っている。

木戸の語る牧野

また、内大臣時代に内大臣秘書官長として仕えた木戸幸一《きどこういち》も、牧野について、「非常に頭が柔軟だった」「若いわれわれが楽に話せるような空気が出る」（『木戸幸一政治談話速記録』上、国立国会図書館憲政資料室所蔵、一六頁）と評している。牧野の人あたりの柔軟さは、『木戸幸一日記』にでてくる両者のやりとりからも看取できる。木戸の「頭が柔軟」という牧野評は、部下として仕えた者の率直な実感なのであろう。

性善説

牧野は、相手と話を交わす時はもちろん、その相手が第三者のことを辛辣に批判する際にも、安易にそれに加担せず、慎重な言い回しで応じるのが常であった。牧野と長年にわたって交わり、その伝記も執筆した下園佐吉《しもぞのさきち》は、「牧野は人の性の善であることを固く信じており、一朝一夕にはいかないし、一進一退もあるが、大体は善の部分が強くなっていくものだと信じている」（『牧野伸顕伯』二三二頁）と評している。

この性善説に立脚した牧野の対人姿勢は、相手の短所ではなく長所をみることによって、相手に安心感を与えるとともに、第三者へのむやみな批判を避けることにもつながり、周囲との円満な関係を維持していくのに役立ったことであろう。

伊藤博文からの影響

なお、牧野の対人姿勢は、伊藤博文《いとうひろぶみ》から学んだところもあったようだ。牧野が伊藤について語った談話のなかに、「伊藤は人の長所をみて、決して短所をみなかった。これは伊藤の美点であり、適材適所で人を活躍させた理由であろう」（同前、一四八頁）という発言がある。尊敬する伊藤の人との接し方からも、牧野は影響をうけたに違いない。

慎重か要領をえずか

また、牧野の性格が極端なまでに慎重であることは、広く周囲に知られていた。反山《やま》県有朋《がたありとも》の論客で知られた三浦梧楼《みうらごろう》（軍人、政治家）は、牧野の性格を「石橋を叩いて渡らない人」とまで評していた。また、牧野に関する資料をみても、牧野の性格について語っているところでは、一様に、その慎重な性格を指摘しているのである。

牧野の慎重な性格は、相手によって良し悪しの印象を与えていた。良い印象を与えるほうでは、失敗のないように熟慮しながら物事を処理していくことを高く評価することになるし、逆に速断を求めたり、自分の意見を受容するよう期待している場合、すぐに結論をくださない牧野の対応は、もどかしく感じ、要領をえない、煮えきらない態度だと受けとられてしまうのである。宮相《きゅうしょう》時代に摂政設置問題を処理するなか、原敬《はらたかし》首相は牧野の慎重な姿勢を評価していたのに対し、元老の山県有朋がなかなか物事をすめようとしない牧野の事務処理を批判したことなどは、まさに、その典型であった。

囲碁

牧野が終生の趣味としてたしなんだ囲碁も、利通から影響をうけているように思われる。利通の囲碁好きは当時の政界でも有名であり、牧野は父の趣味について、退屈しのぎや気分転換のために碁を打っていたようだと語っている。牧野自身がいつ頃から囲碁を打つようになったかは定かではないものの、一八八八（明治二一）年、黒田清隆《くろだきよたか》内閣で首相秘書官に就任した二〇代後半の頃には、森有礼《もりありのり》文相とよく碁を打っていたという。その後も、牧野が自宅や茶屋で囲碁会を催し、政官界の囲碁仲間を誘っている様子が諸資料から確認される。

日本棋院の初代総裁

後年、五・一五事件で内大臣官邸を襲撃された際も、牧野は囲碁の対局中であった。このように、牧野は、生涯を通じて囲碁をたしなみ、一九二四（大正一三）年七月に創設された日本棋院では初代総裁に推され、名誉職とはいえ、戦後の一九四六（昭和二一）年までその地位にあった。

読書

読書も牧野の趣味であり、和洋の区別なく、文学から時事、ノンフィクションにいたるまで、さまざまなジャンルの書物を読みふけった。外国語の書物や新聞にも目を通し、晩年まで英語の小説から「ニッポンタイムズ」まで、はば広く読んでいた。牧野は、鎌倉の自宅でも、そして、戦時中の疎開先の柏の借家でも、読書をする時は、お気に入りの安楽椅子に腰掛け、リラックスした状態で一日でも本を読みふけっていたという。

芸術面への関心

このほか、絵画の鑑賞、収集も牧野の趣味の一つであった。芸術に対する造詣も深く、後述する文部省美術展覧会（文展）の創設にも寄与し、岡倉天心《おかくらてんしん》や川合玉堂《かわいぎょくどう》、横山大観《よこやまたいかん》らの画家とも親交を重ねていた。自宅では、みずから季節ものの掛け軸を定期的に取り換えながら楽しんでいたという。

長男伸通

つづいて、牧野の私生活に関し、子どもや子孫について若干の紹介をしておく。牧野と妻峰子の間には、三人の子どもがいた。長男の伸通《のぶみち》（一八九一年生）は牧野家の跡取りとして育ち、一九三二（昭和七）年に宮内省式部職（宮中の儀式や翻訳、狩猟などを担当）式部官の職に就き、翌年からは同職主猟官も兼任する。妻の純子《すみこ》（鍋島直明《なべしまなおあきら》の長女）は、峰子

長女雪子

次女利武子

武見太郎との関係

の死後、舅である牧野の日常を世話し、最期を看取ることとなる。

長女雪子《ゆきこ》（一八八九年生）は、一九〇八（明治四一）年一二月、外交官の吉田茂と結婚する。戦後、五度にわたって組閣して長期政権を担い、戦後復興の礎を築いた吉田茂は、牧野の女婿であり、戦後に首相に就任するまで、「牧野の女婿」として世間に認知されていた。吉田は、牧野との関係について、政治外交、経済について啓蒙をうけたといいながら、薩摩出身者の同郷意識の強さから、「亡くなられるまで、私は他国者扱いであった」（『回想十年』四、一五三頁）と回想している。

雪子は、日米開戦の直前に乳ガンに侵され、手術を受けたものの回復することはなく、一九四一（昭和一六）年一〇月七日に亡くなってしまう。

次女の利武子《りふこ》（一八九六年生）は、子爵でのちに貴族院議員となる秋月種英《あきづきたねひで》と結婚し、二女をもうける。このうち次女の英子と結婚するのが、医師で後に日本医師会会長となる武見太郎《たけみたろう》であり、武見は、戦時中に罹災した牧野の住居を斡旋するなど、晩年、牧野の生活を支えていくことになる。なお、利武子も、一九二〇（大正九）年六月に二四歳の若さで亡くなってしまう。不幸にも、牧野は、娘二人に先立たれていたのである。

武見太郎は、理化学研究所（理研）に勤めていたこともあり、西田幾多郎《にしだきたろう》や岩波茂雄《いわなみしげお》、

牧野の家族と親族

前列左から栄（利武夫人），利武子（次女），尚（利和夫人），伸通（長男），おゆう，雪子（長女），後列左から峰子（妻），利武，牧野，利賢，利和，雄熊（1902〜03年頃ヵ．大久保利泰氏所蔵，画像データ提供：東京大学馬場章研究室）

安倍能成《あべよししげ》、和田博雄《わだひろお》、有沢広巳《ありさわひろみ》など、学者や文化人らと交流していた。牧野は、武見を通じて、これらの人々と交わり、太平洋戦争のさなかにあっても、当時の進んだ学問や文化を吸収していくのであった。武見も、重臣として国家の中枢にいた牧野が学問や学者に深い理解を示したことにつき、戦後の日本再建にとって幸いであったと回想している（武見太郎『武見太郎回想録』）。

こうして牧野の私生活を眺めてみると、牧野も父の利通と同様、公人としての時間と私人としての時間を明確にし、私的な時間を有意義に過ごそうとしていたようにみうけられる。

四　官僚の世界へ

元勲らの配慮

一八七九年（明治一二）、一八歳となった牧野は外遊を希望し、その旨を岩倉具視《いわくらともみ》（右大臣）や井上馨《かおる》（外務卿）に伝えたところ、外務省御用掛に任ぜられた。この人事により、牧野は東京大学を退学している。牧野が外務省入りした時は、一八九三年の文官任用令の制定以前であり、高等文官試験を経ずに官界入りすることができた。牧野自身、この点につき、試験制度採用以前は、「その履歴と推挙者の信用に依るの外なかった」（『松濤閑談』七一頁）と語っているように、大久保利通の子という「履歴」と、岩倉、井上といった政府指導者からの「信用」のいわば情実人事により、官吏に採用されたといえよう。

渡英

外務省に入った牧野の最初の赴任先は、当時の覇権国家イギリスであった。書記生の末席に加わった牧野は、重要な仕事に従事することもなかったが、イギリスの様子を報告書にまとめて本国に送るため、『タイムス』の熟読や英国議会の傍聴を日課としながら、知識を養っていった。

伊藤博文と出会う

イギリス公使館在勤中、牧野は明治政府の最有力者である伊藤博文の知遇をえる。一八八二年、憲法調査のために訪欧してきた伊藤と会った牧野は、帰国後に内政の仕事を手伝ってもらいたいと誘われた。翌一八八三年一〇月一四日に帰国した牧野は、伊藤の提言により発足した制度《せいど》取調《とりしらべ》局《きょく》に呼ばれ、近代国家の法制度整備という重要な職務に携わることとなる。

制度取調局での勤務

帰国後、太政官《だいじょうかん》権少《ごんのしょう》書記官に任じられた牧野は、一八八四年三月二二日、制度取調局への出仕を命ぜられ、おもに地方制度に関する業務に携わり、地方に出張して視察報告書を作成したり、専売特許法の制定につき、その審議にあたるなどの仕事をこなしていた。

伊藤とともに訪中

この間、牧野は、一八八四年に朝鮮で起こった甲申《こうしん》事変《じへん》の事後処理のため、清との交渉役となった伊藤博文の全権使節に随行し、翌一八八五年に締結される天津《てんしん》条約の成立を現地で見届けている。東アジアの地域秩序再編をめぐる日清間の対立と調整の実態を、牧野は間近でみることとなった。

外交の機微にふれる

伊藤博文と李《り》鴻章《こうしょう》という日清両国の大物政治家同士の駆け引きを肌で感じた牧野は、

天津条約の成立について、「両全権の間、一歩を誤れば東洋の大局上、たちまち一大変動を起こし、将来、日本の歴史上いかなる事態を招くことであろうか、これを思えは冷肝にたえない」（原敬文書研究会編『原敬関係文書』三、日本放送出版協会、一九八五年、二四五頁）という心境を、この時の天津総領事で日本全権団を世話していた原敬に宛てて書き送っている。牧野は、国家を背負う立場にある者の心構えや振る舞いを伊藤から感じとっていたのである。

原敬との出会い

この書簡からもうかがえるように、牧野は、伊藤に随行した訪中時に、天津総領事の原敬と現地で出会っている。原の日記には、牧野が伊藤に随行してきたことと、晩餐会などの会食時に同席していることなど（『原敬日記』一、五一～五六頁）、公務上の付き合いに関する記述のみが散見され、両者が親しく交わった形跡を見いだせない。しかし、この後、牧野と原は、互いに立身出世していくなかで天下国家を論ずる関係へと親交を深め、同時に相互の評価を高めていくのである。

兵庫県大書記官となる

一八八六年五月、牧野は、制度取調局の廃止後に任官していた法制局参事官を辞し、兵庫県大書記官（地方官官制改正により書記官となる）に任命された。この転任の背景には、従来、地方行政や地方制度整備に関心を示してきた牧野の意思があり、伊藤博文の便宜をうけていた。なお、牧野が妻の峰子と結婚するのは、この間のことである。

警視庁への任官を断る

兵庫県書記官として勤務していた牧野は、峰子との結婚直前、義父となる三島通庸を通じて、警視庁への任官を打診されていた。しかし、牧野は、自分から地方勤務を申し出て伊藤の便宜をうけたこと、そして、自身も地方勤務による経験を積みたいとの希望から、この話を断っている（「三島通庸文書」国立国会図書館憲政資料室所蔵、一七一—二）。

地方官勤務

牧野は、この後も中央での役職をはさみながら、福井県や茨城県にも知事として赴任している。地方官となった牧野は、鉄道敷設や河川修築、学校建設など地方行政に携わり、地方の事情に精通していった。

首相秘書官に就任

牧野は、一八八八年四月に成立した黒田清隆内閣で、義父となった三島通庸から黒田首相の秘書官に就任するよう要請された。牧野は、黒田と同郷出身ではあったが、それまで個人的な付き合いもなく、また、黒田の酒癖のことなどを懸念し、この要請を断ろうとしていた。しかし、就任の是非を相談した伊藤博文や松方正義《まつかたまさよし》ら大物政治家も、とくに牧野の人事に異議を唱えなかったため、首相秘書官の役を引き受けることにした。

憲法発布式典

後年、牧野は、黒田について、「何らかの積極的な政策を持った人ではなかった」（『回顧録』上、一四四頁）と回想しているように、あまり評価しておらず、首相秘書官時代についても、これといったことを語っていない。しかし、同職に在任中、牧野は、思いがけない恩恵に浴している。一八八九年二月一一日、黒田内閣のもと、大日本帝国憲法（明治憲法）の発布式典が挙行され、牧野も首相秘書官として、この式典に参列したのであった。

森有礼の暗殺

盛大な憲法発布式典の裏では、森有礼文相の暗殺事件という歴史的な凶事も発生している。イギリス公使館勤務時代から森と親交のあった牧野は、式典の途中に森の襲撃を耳打ちされ、その場で式典を拝辞し、官舎で瀕死の森と対面している（森は翌一二日死去）。

文部次官に抜擢

一八九三年三月、茨城県知事の職にあった牧野は、第二次伊藤博文内閣で文相に就任した井上《いのうえ》毅《こわし》から文部次官に抜擢され、中央に呼び戻されることとなった。井上が牧野を登用した背景には、自分の才を認めて官吏として重用してくれた大久保利通への感謝の念と、大久保の子の牧野に対する期待がこめられていたという。

利通の遺子として

『日本』新聞では、牧野の文部次官就任につき、「故大久保利通の次男で、薩州若手の大立物が大手を振って現れた」（『日本』一八九三年三月一〇日）と紹介し、また、当時、外務省に勤めていた原敬も、「大久保利通の二男という訳で栄進したのであろう」（『原敬日記』一、二〇九頁）と観察していた。当時のメディアや原敬がみるように、薩摩出身で大久保利通の遺子という出自が、牧野の立身出世に影響していたことは確かであろう。
文部次官としての牧野のおもな職務は、予算編成や議会との折衝であった。富国強兵をスローガンに掲げる当時の明治政府にあって、大蔵省は文部省の管轄である教育事業に冷淡で、予算を削減されることも多かった。

芸術への関心

牧野が文部次官や文部大臣時代に尽力した仕事で忘れてならないのは、自身も興味を持っていた芸術分野への寄与である。牧野は、近代日本の代表的画家の岡倉天心と開成学校時代に一年後輩の関係にあり、牧野の官界入り後も両者の友好は続いていた。

牧野と岡倉天心

牧野が文部次官に就任した際には、東京美術学校を開校した岡倉と美術界振興の方策を協議したり、また、岡倉の方も美術学校の拡張予算を牧野に要請するなど、官僚としての牧野を頼りとしていた。両者の交友は岡倉の没する時まで続き、その関係も、「政界で頼りになる唯一の天心の友は、又、芸術に理解のある唯一の官僚人としては、牧野伸顕一人」（下村英時『天心とその書簡』日研出版、一九六四年）と評されるほどであった。

帝国図書館設立への支援

牧野の文化事業への関心は、芸術分野だけにとどまらず、日本初の国立図書館となる帝国図書館の設置にあたり、文部次官という役職を超えた熱意で取り組んでいた。牧野は、東京開成学校時代の同期で東京図書館長の田中稲城《たなかいなぎ》とともに、国立図書館の創設に

向けて、予算獲得や政官界にその必要性を訴えるなど、熱意を持って処置にあたってい
た。

予算獲得に奮闘

牧野と田中の努力によって、一八九六年の第九議会で「帝国図書館を設立するの建議案」が貴衆両院で採択された後、牧野は予算獲得のために奔走して大蔵省にこれを承認させ、翌一八九七年の第一〇議会に帝国図書館創設費を計上し、提出した。しかし、同予算案は衆議院を通過した後、三月の貴族院予算委員会で予算の削減を要求されてしまう。答弁に立った牧野は、「帝国図書館の予算は他国と比べても少額であり、これを削減しようということは断じて同意できない」と、原案どおりの予算計上を主張した（有泉貞夫「田中稲城と帝国図書館の設立」）。

結局、この場で予算は削減されてしまうものの、田中と牧野の尽力により、一八九七年四月に帝国図書館官制が公布され、東京図書館を帝国図書館と改称し、田中がそのまま初代館長に就任している。

井上毅の辞任

牧野は、井上文相から請われる形で文部次官に就任したが、井上は、数年前から肺結核に侵されており、文相就任後もたびたび静養を余儀なくされるほどであった。入閣から数ヵ月を経過した頃、井上は静養を前に予算案の立案や実業教育政策など、重要な省

務の取り計らいを牧野に委ね、事務処理の決済も認めている（井上毅傳記編纂委員会編『井上毅傳』史料篇四、國學院大學、一九七一年、四九九～五〇〇頁）。

井上との関係

しかし、井上と牧野の関係もすべてが円満というわけではなかった。井上の地方出張時、牧野が代理決裁した事案につき、帰京後の井上がそれを認めず、牧野に決済の取り消しを求めたため、両者の間で激しい口論が起こったこともあった（『牧野伸顕伯』九一～九二頁）。

衰弱していく身体で何とか文相としての職務をこなしていた井上であったが、入閣の翌年、一八九四年七月中旬になると、省務を掌ることも困難となったため、次官の牧野に省務を委ねるとともに、自身は、伊藤首相に辞意を伝えた。

井上を批判

牧野は、井上文相から病状悪化を理由に辞意を伝えられた際、ここまで誠意を持って仕事にあたる人も稀《まれ》だと評しつつ、『日本』新聞に記載された井上評を引用しながら、「宰相の器ではない、心がせまく、一省の長官として統率の度量にとぼしく、また、見識はややもすれば奇抜で偏るという弊害がある」（「牧野伸顕文書」C二一五、「明治二七年日記」一八九四年八月二一日）とも語っている。

牧野の指摘する『日本』新聞の井上評とは、文相に就任した直後の紹介記事ではないかと思われる。そこでは、「井上はこれまで自身の学術によって信頼を得てきた、しかし、その技量は権力の中枢ではかりごとをなす参謀役としての働きによるもので、ある方面を任された大将としての働きを示すものではない。今回、井上は大将たる器にふさわしい人物であることを証明しなくてはならないが、文部省に錯綜する情実の弊害をいかに切り抜けるか」(『日本』一八九三年三月八日)という趣旨で、井上の手腕に注目していた。

これをうけ、牧野は、井上の個人的な政治能力や熱心な職務姿勢を評価しつつも、文部省という役所全体を統括する「大将たる器」ではないと評していたのである。

西園寺との交わり

井上毅の後任には、芳川顕正《よしかわあきまさ》法相が臨時で文相を兼任したのち、一八九四年一〇月三日に西園寺公望《さいおんじきんもち》が専任の文相に任命された。後年、元老と内大臣として、ともに皇室と宮中を支えていく両者の関係がここに始まる。

牧野と西園寺は、終生、良好な関係を保ち続けた。牧野の西園寺評も、概して好印象なものばかりである。『回顧録』でも、西園寺を評して、「全く恬淡な人」で、「遠慮会釈もなく有りのままに接することが出来た」「よく私を理解し、信任もしてくれた」(『回顧録』上、一三八、二〇一頁)と、いずれも好意的に評している。

西園寺の能力を疑う

しかし、当初、牧野は、西園寺の能力に懐疑的であった。すなわち、文部次官として新文相に就任した西園寺を迎える立場となった牧野は、「伊藤首相の思いつきであることは疑いもない」「西園寺侯は伊藤伯と親交しており、思うに、伊藤伯は西園寺の才能を認め、将来、責任のある地位で大局にあたらせようという理由から起用したのだ」（前掲「明治二七年日記」一八九四年一〇月三日）と評している。その後、初登省してきた西園寺と挨拶を交わした牧野は、「新相は非凡の英傑とは認めがたいが、機敏なる才子であることは疑いようもない」（同前、一八九四年一〇月八日）と、その初印象を日記にしたためている。

当初、牧野は、西園寺を伊藤の腹心の一人としてしかみておらず、その政治能力も未知で、自分と合う人物かどうか不安感を抱いていた。そのため、西園寺を好意的に評している『回顧録』でも、新任の西園寺文相と合わないと思い、伊藤首相に進退を伺ったところ、一緒に仕事をやってみろと言われ、次官にとどまったという経緯を語っている。このような牧野の西園寺に対する懐疑心は、ともに仕事をこなすうちに一変し、事務を一任してくれる点などを評価するようになる。以後、牧野は、西園寺との関係をいっそう深めていくこととなる。

なお、文部次官時代には、日清戦争が起こっている。当時の牧野の日記には、戦闘の経過にとどまらず、鋭い論評が付記されている。一八九四年九月の平壌会戦勝利の報をうけた牧野は、国民の熱狂ぶりを紹介しつつ、自身の関心は、李鴻章による数十年来の軍制改革と清軍の実力の程度にあったといい、「相手の軍隊の実力を知るにいたり、我が軍に利益がある」（同前、一八九四年九月一八日）と、今後の戦局における優位な展開を予測している。

するどい論評

また、黄海海戦の勝利にも、日本海軍の砲術の進歩に驚愕したと観察した後、戦勝に沸く国民の熱狂ぶりには、ふだん藩閥を忌避しながら、今は陸海戦で活躍した樺山資紀《かばやますけのり》（海軍軍令部長）、野津道貫《のづみちつら》（第五師団長）の両将軍を讃えるなど、「人心の趨勢は真におもしろいものだ」（同前、九月二〇日）と、皮肉を込めた寸評を加えている。

さらに、広島で開かれた臨時議会において、政府の提出した議案と国庫剰余金の支出などが議会からの反発もなく満場一致で可決されたことを知ると、「なんという快事か、国家発生の気運が盛んである」（同前、一〇月一八日）という、興奮した心情をつづっている。

イタリア公使に

一八九六年九月、第二次伊藤博文内閣は内閣改造の失敗によって総辞職し、後継として、第二次松方正義内閣が成立した。これにより、文相も西園寺から蜂須賀茂韶《はちすかもちあき》に代わった。牧野は、蜂須賀の人物を知らなかったため、文部次官の地位にとどまることを欲しなかった。ちょうど、その時に開成学校の先輩で外務次官の職にあった小村寿太郎《こむらじゅたろう》から海外勤務を打診されたため、牧野は、公使の空いているイタリアに特命全権公使として赴任することになり、再び海外勤務の途についた。

オーストリアへ転任

一八九九年五月、牧野はイタリアからオーストリア公使への転任を命ぜられ、首都ウィーンに移動した。牧野は、それから六年近くにわたり、ハプスブルク家の支配するオーストリア・ハンガリー帝国において、駐墺公使の任を務めていく（当時の駐墺日本公使はスイス公使も兼任）。

オーストリア公使時代の家族写真

左から弟の利武，長男伸通，妻峰子，牧野（1900〜01年頃．大久保利泰氏所蔵，画像データ提供：東京大学馬場章研究室）

ギリシャとの通商条約

駐墺公使に転任した直後、牧野は本国よりギリシャとの間に通商条約を結ぶよう訓令をうけた。そこで、一八九九年六月、牧野はギリシャの首都アテネに赴き、ロマノス外相との間で日希修好通商航海条約を締結したのである。日本とギリシャは、この条約によって国交を樹立させたのであり、牧野は今日まで続く両国関係の橋渡し役を務めたことになる。なお、牧野の『回顧録』では、ギリシャの記述をイタリア公使時代のこととして記されているが、正確には、オーストリア公使時代のことである。

ロシアとの関係悪化

駐墺公使在任中、日本は日露戦争という国家の存亡をかけた一大決戦を経験するのであり、牧野もヨーロッパ在勤の外交官として活躍するのであった。

日露戦争へ

日清戦争後、東アジア情勢は変動期を迎えていた。ヨーロッパ列強は、租借地方式によって清国を半植民地状態に追いこみ、また、朝鮮半島も日本と「満州」地方から触手を伸ばそうとするロシアとの間で緊張が高まっていた。

明治政府の対ロシア外交には、外交交渉によって解決をめざす融和的な「満韓交換論」と、より好戦的な「日英同盟論」の二つの路線があり、いずれの方針をとるか態度を決しかねていた。しかし、ロシア側は、日本の要求する朝鮮への不介入に応じようとしなかったため、しだいにロシアとの決戦やむなしという声が支配的となっていく。

情報戦を重視

ロシアとの戦争を見越した日本政府は、開戦に備えた軍備拡張を急ぐいっぽう、外交政策として、当時の覇権国家イギリスと軍事同盟（日英同盟）を締結するにいたった。さらに、政府は、諜報、宣伝戦にも力を入れ、欧米駐在の外交官にロシアとの戦争に備えてロシア側の情勢を探らせつつ、日本側の開戦意図につき、東アジアの地に南下政策を推進してくるロシア帝国の膨張を防ぐための防御的な措置であるということを説くよう、外務省から駐欧の外交官に訓令を与えていた。そして、その宣伝活動とは、当時の中心的な情報伝達媒体である、新聞や雑誌の情報操作を行うことであった（松村正義『日露戦争と日本在外公館の〝外国新聞操縦〟』）。

諜報、宣伝活動に従事

牧野駐墺公使のもとにも、外務省よりこの訓令が打電されてきた。牧野は、ロシア国内の情勢を探るべく諜報活動を開始するとともに、オーストリアの新聞を買収し、日本に好意的な記事を書かせるなど、宣伝活動も展開させていった。

牧野が諜報によって入手した情報は、ロシア国内の政治、経済、社会の諸状況、シベリア鉄道の輸送力、ロシア艦隊の動向など重要なものであり、逐次、これらの情報を本国に伝えている。

現地の新聞を買収

また、宣伝活動については、牧野自身、外交官としての任務のなかで、任地の新聞業者と接触して懇意になり、現地の事情を把握することが大事だと述べている（『回顧録』

上、二八一頁）。そのため、牧野は、日露開戦の二年も前から現地の有力新聞を買収し、黄禍論《こうかろん》（黄色人種が台頭し白色人種に災いをもたらすという考え）に反駁を加えるいっぽう、日本側の意図を掲載させることに成功した。松村正義氏が指摘するように、牧野は、「優れた対外的プレス・マインド（広報意識）をもった人物であり」（松村『日露戦争と日本在外公館の〝外国新聞操縦〟』）、その能力を生かして、本国からの任務を忠実にこなしてみせたのである。

牧野の大陸政策論

牧野の広報活動の趣旨は、ヨーロッパにおける黄禍論の広がりを防ぐため、日本の戦争意図として、戦後における中国東北部「満州」への対外膨張を否定することにあった。これは、単なる宣伝文句ではなく、牧野自身の外交理念でもあった。日露開戦後の一九〇四年三月、牧野は元老の松方正義に宛て、「戦勝の暁に到り、日本は貪欲の野心に駆られざるを示し」「列国政府を安心させるような手段を講ずるべきだ」（『松方正義関係文書』七、四八一～四八三頁）という意見書を送っている。

しかし、このような牧野の主張と異なり、日露戦争後の日本は、帝国主義国の一員として、「満州」地方への膨張政策をすすめていくのであった。

ヨーロッパの君主について

駐墺公使在任中、牧野は、ヨーロッパの君主の振る舞いを観察し、その人物評を『回顧録』に寄せている。そのなかで、牧野は反面教師としての君主像をドイツのヴィルヘルム二世（Wilhelm II）に見いだし、理想的な君主像をイギリスのエドワード七世（King Edward VII）に求めている。

まず、牧野は、ヴィルヘルム二世治世下のドイツが汎ゲルマン主義を掲げて近隣諸国との協調関係を乱し、ついに第一世界大戦を誘発させたと批判し、ヴィルヘルム二世自身に対しても、「多少精神に異常があったと思う」「我儘な性格だった」と、厳しく評価している。いっぽう、エドワード七世については、「派手な存在ではなかったが、味わいがある人物であり、優れた政治家だった」と評しつつ、王室外交を利用して、仏、独、露など各国と協調関係を構築させたことを称賛している（『回顧録』上、二五〇～二五五頁）。

王室外交

ここで、牧野がイギリスの王室外交の有効性を指摘している点は、意味深長である。後年、牧野が天皇の側近として宮中入りした際、皇室による政治外交への関与を強く意識していくのであるが、その際に、外交官時代に見聞したヨーロッパの君主たちの言動を参考にしていたように思われる。

世論に注目

さらに、牧野は、第一次大戦後に崩壊の道をたどった君主国、ロシア、オーストリア、トルコの問題点について、政治を主導する指導者らが世論に無頓着で統一的な政治を実行できなかった点を指摘している。宮中を安泰とさせるため、日頃から世論の動向にも気を配るべきという考えが牧野の頭に刷りこまれていったことであろう。

第二　政治家としての活躍

一　国務大臣時代

初入閣

日露戦争終結後、牧野は、小村寿太郎《こむらじゅたろう》外相から駐露公使への就任を打診され、この要請を受け入れる決意を固めていた。ところが、その直後に成立した第一次西園寺公望《さいおんじきんもち》内閣において、西園寺が牧野に文相就任を要請してきた。牧野は、駐露公使の依頼を断り、帰国後の一九〇六（明治三九）年三月二七日、文相として西園寺内閣に入閣した。

西園寺との縁

牧野は西園寺内閣に入閣した理由として、「私が入閣したのは西園寺との縁故に基づいたのである」（『回顧録』下、一三頁）と語っている。西園寺は、牧野を国務大臣として政権の一翼を担わせるほど、牧野の政治手腕を評価するようになっていた。

義務教育年限の延長

牧野文相にとって、任期中の最大の功績は、義務教育の年限を従来までの四年から二年延長し、六年と定めたことである。日露戦争後のさらなる国力発展という国家命題を成し遂げていくためにも、義務教育期間を拡張し、知識のある国民を養成していくことは大きな課題であった。

この政策を実現させるための一番の問題は、費用をつけられるかどうかであった。文部次官時代の回想でも述べているように、教育行政関係の予算は、富国強兵、殖産興業といった当時の明治政府のスローガンのもとでは、どうしても脇に追いやられる分野であった。

しかし、牧野文相は、内務省や大蔵省といった関係機関と折衝を重ね、一九〇七年三月に小学校令を改正し、「わが国初等教育上、画期的な改革であった」(文部省『学制百年史』記述編、文部省、一九七二年)と評される、義務教育年限の延長を実現させた。牧野は、義務教育期間延長を知らせる訓令のなかで、その目的につき、「戦後、益々国民の智徳を向上させる必要あり、これが義務教育の年限を延長する理由である」(同前)と語っている。

文展開催に尽力

さらに、牧野文相による教育行政の成果として特筆すべきなのが、一九〇七年に文部省美術展覧会(文展)を創設したことである。牧野は、美術や芸術に造詣が深く、また、牧野の周辺にも芸術に理解を示す人々がそろっていた。

すでに数年前より芸術界の奨励や後進育成を目的とした、官設の展覧会設置の機運が盛り上がっており、芸術に理解のある牧野の文相就任は、その追い風となった。牧野は、東京美術学校校長の正木直彦《まさきなおひこ》や画家で同校教授の黒田清輝《くろだせいき》、枢密顧問官の九鬼隆一《くきりゅういち》らから美術展覧会の開設を提言されると、これを承認し、旧友の岡倉天心《おかくらてんしん》や沢柳政太郎《さわやなぎまさたろう》文部次官らと検討を重ねつつ、新たな展覧会の創設に尽力した。

文展の開催

その結果、一九〇七年六月六日、美術審査委員会官制が発布され、毎年、文部省から一万円を支出して美術展覧会が開催される運びとなった（浦崎永錫『日本近代美術発達史』東京美術、一九七四年）。第一回文展は、同年一〇月二五日より約一ヵ月にわたり、上野公園において開かれた。以後、文展は、内紛による分裂や改称（戦後の名称は日本美術展覧会・日展）を経つつも、現在まで存続している。

芸術への関心

文展開催に尽力した姿勢からもうかがえるように、牧野の芸術への関心は、個人的な趣味の域にとどまらなかった。以後、牧野は政治家から宮内官僚へと地位を転ずることになっても、芸術への関心を失うことはなかった。

文展開催に際して関係を築いた正木直彦とは、その後も美術界に関する改革を相談し合い、黒田清輝とも、彼の死後、その遺産処分について、一部を美術方面に使用するため、帝国美術院長の福原鐐《ふくはらりょう》二郎《じろう》や正木らとともに財産の委託者として指名されるなど（正木直彦『十三松堂日記』一〜三、中央公論美術出版、一九六五〜六六年、四五三、七九七、一二一九頁）、牧野は斯界において頼られる存在となっていた。

文展二五周年

一九三一（昭和六）年一一月一日、東京美術学校大講堂において文展帝展二五周年記念式が挙行された際、内大臣在任中の牧野も招待され、祝辞を述べている（同前二、八九三頁）。牧野にとっても、自身が携わって誕生した展覧会の発展に、感慨もひとしおであったに違いない。

男爵を授爵

一九〇七（明治四〇）年一一月四日、牧野は外交官時代の功により男爵を授けられ、華族の仲間入りをはたした。この授爵につき、牧野はとくに回想しておらず、心境を推し量ることは難しいが、これまでの仕事を評価されたことに歓喜したのではなかろうか。

西園寺内閣総辞職

第一次西園寺内閣は、財政難や社会政策をめぐって政治対立を深め、元老の山県や桂前首相からも桂冠を求められるような工作をうけたため、一九〇八年七月四日に総辞職し、牧野も文相を辞任した。

伊藤博文の死

一九〇九年一〇月二六日、伊藤博文暗殺という驚愕すべき事件が起きた。中国のハルビン駅で朝鮮の独立運動家安重根《アンジュングン》によって暗殺された伊藤の死は、明治国家の行く末に大きな影響を与えることとなる。また、イギリス公使館勤務時代に伊藤の知遇を得て、その後も尊敬の念を抱き続けていた牧野にとっても、伊藤の死は、「背筋に氷を注ぎ込まれたように、ゾッと身震いをする」ほどの衝撃であった（『牧野伸顕伯』一一七頁）。

伊藤への評価

その伊藤に対し、牧野は、「明治の政治家の中で最も頭脳のすぐれた人だったのではあるまいか」（『松濤閑談』一六二頁）と、最高ともいえる賛辞を送っており、暗殺の直前にも、義弟で駐清公使の地位にあった伊集院《いじゅういん》彦吉《ひこきち》に宛て、元老のなかでは伊藤が広い視野に立った資質を持っていると伝えている。

山県への評価

これに対し、伊藤の暗殺後、元老筆頭格に君臨する山県については、政界や言論界で「伊藤死後に牽制する者もいなくなり、遠慮もせずにわがまま放題である」という悪評のあること、「自分が公平に観察しても、この弊害が最近めだってきている」という自身の山県評を同じく伊集院に書き送っている（『伊集院彦吉関係文書』一、三一一、三二一頁）。

枢密顧問官に推薦される

文相辞任後、牧野はしばらく閑職であったが、一九〇九年一一月一七日、桂首相と山県枢密院議長の推薦により、枢密顧問官に就任した。じつは、この間、牧野は桂からアメリカ大使への就任を要請されているが、「彼之地《かのち》は長く在勤した地であり、あまり希望しない」（千葉功編『桂太郎発書翰集』東京大学出版会、二〇一一年、三六三頁）との理由で、これを断っている。すでに、イギリスやイタリア、オーストリアなどで外交官としての職歴を積み、外国の知識も身につけた牧野は、内地で立身出世の場を求めたかったのであろう。

転換期の枢密院

枢密院時代を回想した牧野は、「新聞種になるような面倒な問題はなかった」（『回顧録』下、四一頁）と述べている。たしかに、この間における枢密院への諮詢《しじゅん》事項で重要なものといえば、韓国併合にともなう朝鮮統治関連の法案程度であり、山県と桂の関係から行政府との間で対立をきたすような事態も生じなかった。いっぽうで、伊藤博文死後の枢密院運営をめぐり、山県議長による自派官僚の情実採用や伊東巳代治《いとうみよじ》、金子堅太郎《かねこけんたろう》ら伊藤系顧問官による政府との対立路線への志向など、後に問題となるような動きが生じはじめていた（望月雅士「枢密院と政治」由井正臣編『枢密院の研究』吉川弘文館、二〇〇三年）。

牧野は、これらの問題点が表面化する前に枢密院を離れていく。一九一一年八月三〇日に成立した第二次西園寺公望内閣において、牧野は再び西園寺から協力を要請され、農商務相として入閣する。よって、牧野の枢密顧問官の専任職期間は二年にも満たなかった。

植民政策論

枢密顧問官時代の一九一〇年一一月、牧野は日本の植民政策について講演している。

この講演のなかで、牧野は、ヨーロッパ列強の植民政策を論じつつ、将来の日本の「満州」地方への植民政策につき、国際間の事情で許される場合はこれを奨励するが、日本単独で強行すべきではないと(「牧野伸顕文書」C一三九)、列強との協調を軸とした大陸政策を提言している。これは、牧野の協調外交論を示すとともに、将来における満州問題への牧野の基本姿勢をも予見させるものである。

再入閣

牧野は、第二次西園寺内閣に農商務相として入閣した。農商務相への就任につき、牧野自身は、「この方面に興味を持っており、自分としては満足で、日々楽しく執務に励んでいる」という心境を義弟の伊集院に伝えており、その職務についても、「勧業政策は保護奨励から整理へと移行していく時期だ」「インドシナ方面の貿易が前途有望であり、将来はこの方面への進出に力を入れるべきだ」(『伊集院彦吉関係文書』一、三二八頁)などと、産業政策にあたる意気込みを語っている。

産業育成政策

牧野は、農商務相として、日露戦争後の国債増発や連年の入超による貿易収支の悪化を改善すべく、産業を育成して輸出の増加をはかろうとし、特定の有望な輸出品の産業育成を優先的に援助すべきことなどを提言していた(アジア歴史資料センター『各種委員会文書・臨時国民経済調査会調査参考資料第一巻』本館・二A・〇三六・〇〇・委〇〇二二〇一〇〇「生産調査会

の経過及成績」一六二頁、国立公文書館所蔵）。

西園寺公望

財政の悪化

牧野の指摘するように、莫大な戦費を要した日露戦争後、日本の財政事情は悪化していた。第二次西園寺内閣も、行政整理や財政圧縮を政策の柱とせざるをえない状況であった。いっぽうで、日露戦争後、日本は帝国主義国家として植民地を保有する列強の一員となり、陸海軍とも、一九〇七（明治四〇）年に策定された帝国国防方針をたてに軍備拡張を訴え、その財源を政府に要求していた。

二個師団増設問題

また、西園寺内閣は、財政圧縮を主張する山本達雄《やまもとたつお》蔵相と、自由党以来の伝統的な積極政策を主張する原敬《はらたかし》内相、軍備拡張を叫ぶ上原勇作《うえはらゆうさく》陸相、斎藤実《さいとうまこと》海相らの閣内対立を抱えており、財政政策の舵取りは困難をきわめた。しかも、政治調整役としての機能をはたしてきた明治天皇も、第二次西園寺内閣の施政中、一九一二（明治四五）年七月三〇日に死去してしまう。その後、財政政策をめぐる対立は二個師団増設問題へと発展し、上原陸相は新帝の大正天皇に陸軍費の維持を訴える帷幄《いあく》上奏を強行し、陸相を辞任してしまうのであった。

牧野の仲介

この二個師団増設問題のさなか、閣僚の一員たる牧野は、閣議での協議を無視して陸軍費の計上を迫る上原陸相の対応に苦慮していた西園寺首相からの依頼をうけ、開成学校時代にともに学び、懇意にしていた上原陸相を訪ね、説得にあたった。

内閣総辞職

しかしながら、上原は牧野の説得にも耳を傾けず、予算計上に固執する姿勢を崩さなかったため、牧野も説得を諦め、西園寺にその旨を返答した。以後、上原は帷幄上奏を用いて陸相を辞任し、陸軍が後任陸相を選出しなかったため、西園寺内閣は総辞職へと追いこまれてしまう。

明治天皇の死

西園寺内閣に農商務相として在任中、牧野は明治天皇死去の報に接した。牧野は、明治天皇の死を「歴史的な大事件」と表現し、約半世紀後の回想でも、「今日思い出しても恐懼《きょうく》に堪えないこと」（『回顧録』下、六〇頁）と語っている。牧野の追憶の言葉には、明治という時代を生きてきた人々に共有される、近代国家日本の飛躍的な繁栄と明治天皇の治世を重ね合わせる思考が作用していたといえよう。

宮相就任の打診

一九一三（大正二）年二月、大正政変によって第三次桂内閣が倒れた後、後任には薩摩出身の海軍軍人、山本権兵衛《やまもとごんべえ》が首相に奏請された。この時、牧野は組閣の大命をうけた山本から、「宮中に色々宿弊《しゅくへい》があり、革新を要する」（同前、六五頁）という理由で、宮内大臣への就任を打診された。いきなり宮相という宮中の要職への起用を打診された牧野はとまどいを隠せなかった。

山本と三浦の画策

じつは、山本による牧野への宮相就任要請の背景には、政界の一部における、ある思惑が秘められていた。組閣当時、山本と三浦梧楼《みうらごろう》が会見し、山県による宮中支配を打破すべく、「名家の子孫」である牧野を宮相に起用して牽制してはどうかと話し合っている（政教社編『観樹将軍回顧録』政教社、一九二五年、四九〇〜四九四頁）。つまり、山本のいう「宮中の宿弊」とは、山県による宮中支配をさしており、この「宿弊」を打破するキーマンとして、同郷で信頼する牧野を指名したのであった。

宮相就任固辞の理由

しかしながら、牧野は、山本からの宮相就任の要請を固辞した。その理由は、山本と同じ薩摩出身の自分が宮相に就くと、府中（政府）と宮中の長官を同県人で占めることとなり、世間や政界から誤解を招くという点にあった（『回顧録』下、六六頁）。

利武の進言

牧野による派閥政治への懸念は、弟の大久保利武も認識するところであった。山本による牧野への宮相打診から数ヵ月後の一九一三年四月三日、利武は、牧野に宛てて書簡を送り、「新聞報道で渡辺千秋宮相の不評を伝えるなか、後任候補に牧野の名前もあがっているが、宮相は薩長以外の人を起用するほうが世間に安心感を与える」と述べ、兄の宮中入りに反対の旨を伝えている（「牧野伸顕文書」四一三―二一）。

外相に就任

宮相就任の要請は断ったものの、牧野は組閣参謀として、山本内閣の閣僚選考に協力した。閣僚の人事では政友会の支持を取りつけ、ポストも順調に埋まっていったが、外相の椅子だけは容易に決しなかった。牧野は、前外相の加藤高明《かとうたかあき》や駐米大使の珍田捨巳《ちんだすてみ》に外相就任を打診したが、両者ともこれを固辞した。組閣に支障をきたしかねない状況下、牧野は山本の懇請を受け入れて外相に就任した。

対中政策

牧野が外相に就任した時、辛亥《しんがい》革命によって清王朝は滅び、中華民国が成立していた。しかし、政府の実権をめぐり、袁世凱《えんせいがい》と孫文《そんぶん》ら国民党との間で闘争が続き、政情は不安定なままであった。「満州」権益を有する日本も不安定な政情下にある中国とどう付き合っていくのかをめぐり、国内の政治勢力の間でも見解が分かれていた。牧野の率いる外務省は、山県や松方ら元老の意見を尊重し、列強と共同歩調をとって袁世凱政権を支持しながら、「満州」権益の擁護、拡大に努めようとしていた（千葉功『旧外交の形成』）。

二つの難題

牧野いわく、第一次山本内閣における重要な外交問題は、中国で起こった日本軍官民に対する襲撃殺傷、監禁といった不祥事への対応と日本人移民の制限を目的としたアメリカのカルフォルニア州での外国人土地法制定をめぐる交渉であった。

中国との外交問題

中国での不祥事とは、不安定な政情のもと、一九一三年七月下旬から九月初旬までの約一ヵ月あまりの間に発生した、兗州《えんしゅう》事件（七月）、漢口事件（八月）、南京事件（九月）をさす。国内では、被害を受けた陸軍から「厳然強硬なる抗議」と、新たな権益付与を求めるべきという意見が外務省に寄せられ、世論も、民間の対中強硬派が国民大会を開催して、「帝国政府に対し出兵を勧告することを決議し」、外務省へ示威運動をなす状況であった（以上『日本外交文書』大正二年二、一九六四年より）。

事件処理の方針

中国への強硬姿勢を求める朝野の声に対し、事件処理にあたった牧野外相は、「帝国の面目威信を保持」する原則のもと、中国側に責任者処罰と謝罪を要求するとともに、事件をあくまで地方問題として扱い、「事件の範囲外に渉《わた》るが如き」条件を要求しない方針で臨み、交渉窓口となる駐中公使の山座円次郎《やまざえんじろう》に訓令をあたえていた（同前、五五三～五五四頁）。

牧野は、世論や対中強硬派による突き上げをうけ、関東州租借期限の延期や「満州」の鉄道権益の譲与などを条件に付けよと訓令したこともあったが、現地の山座公使の反対もあり、この強硬案を取り下げている（山本四郎『山本内閣の基礎的研究』）。最終的に、中国側も日本の要求に応じたため、事件は落着し、牧野は一〇月中旬にその旨を公表した。

対応への評価

事件解決にいたるまでの牧野の対応について、世論の騒擾《そうじょう》に驚愕し、中国側への態度を硬化させたという評価もあるが（同前）、見方を変えれば、牧野の外交スタイルは、世論の動向を意識しつつも、安易にこれに便乗せず、なるべく穏当に解決するという順応性を有していたといえよう。また、牧野は、対中問題に関する英米ら列強の視線にも留意し、英米が事態の静穏を望んでいるという報道内容を現地の公使らに伝えていた。

移民問題

つぎに、カルフォルニア州の外国人土地法制定をめぐる動向は、十数年にわたって日本政府を悩ます問題であり、牧野も外相就任直後から、この難題に直面した。牧野は、珍田捨巳駐米大使とともに同法の成立を阻止すべく、米国政府に配慮を求めた。しかし、米政府は連邦制という国家形態を理由に、自治権を持つカルフォルニア州への強制措置をとれないと、日本側にその困難さを伝えるだけであった（『日本外交文書』大正三年一、一九六五年、五～七頁）。結局、牧野や珍田の抗議も虚しく、同法は一九一三年五月に州議会で可決され、市民権のない外国人の土地所有を禁止することとなった。

珍田との縁

移民制限問題では、牧野の意のごとくに進展しなかったものの、駐米大使の珍田捨巳とともに難題を処理するなかで、牧野は、珍田の能力を評価するようになる。のちに、パリ講和会議や皇太子洋行での働きぶりにその能力を再認識した牧野は、珍田を東宮大夫や侍従長に起用するのであった。

シーメンス事件

順風満帆にみえた山本内閣も、シーメンス事件という海軍内部の汚職事件をきっかけに、一気に政権存続の危機を迎えてしまう。当初、海軍出身の山本首相や斎藤実《さいとうまこと》海相は、自分たちは汚職とは無関係であり、何とか危機を回避しようとした。しかし、海軍費の拡張を含む一九一四（大正三）年度予算が貴族院で否決されたため、山本は窮地に立たされた。

総辞職を進言

内閣としてとるべき措置を判断するにあたり、山本は、牧野と奥田義人《おくだよしと》法相を呼び、善処方を尋ねた。牧野は、「シーメンス事件という災禍でこのような事態となってしまったことは実に忍びがたいが、このまま施政を執り続けていくことは困難であり、ここは責任をとって再起を期すべきだ」（『回顧録』下、九七〜九八頁）と答え、内閣総辞職を促した。奥田も同意見であった。すでに総辞職を考えていた山本は、信頼する両閣僚からの助言もあり、断腸の思いで内閣総辞職を決意し、閣僚の辞表を取りまとめて大正天皇に提出した。

二　臨時外交調査委員会委員となる

貴族院議員となる

一九一四（大正三）年三月二四日、第一次山本内閣は総辞職し、牧野も外相を辞任した。その直後の三月三一日、牧野は貴族院令第一条四項（国家に勲功ある者）にもとづき、貴族院議員に勅任された。この後、牧野は、貴族院議員兼枢密顧問官としての肩書きで、比較的平穏な日々を送ることとなる。

第一次世界大戦

一九一四年七月に勃発した第一次世界大戦に日本も参戦した。日本は、欧米列強がヨーロッパでの戦争に集中している隙をつき、懸案だった中国での利権を確保すべく、袁世凱政権に二一ヵ条の要求を突きつけた。牧野は、大隈重信《おおくましげのぶ》内閣による大戦への参戦と二一ヵ条の要求の措置を妥当だと評している。とくに、二一ヵ条の要求については、後のパリ講和会議で山東省権益をめぐる交渉時に自身が苦労したこともあり、中国の姿勢に批判的であった。

寺内正毅の入閣要請

その後、山県と大隈首相との後継首相選考をめぐる暗闘の末、一九一六年一〇月に山県の推す寺内正毅《てらうちまさたけ》が組閣の大命を拝した。寺内は政権基盤を固めるため、政友会と憲政会の二大政党はもとより、薩派（鹿児島関係者からなる政治集団の呼称）からの支援を求めるべく、牧野に内務大臣としての入閣を打診してきた。しかし、牧野は、「政友会内閣に三度も入閣している」（『原敬日記』四、二一八頁）という理由から、この要請を固辞した。

政友会との関係

牧野と政友会との関係については、原敬も山本内閣の外相に牧野が起用されたことに憤慨して政友会を脱党していった者に対し、「牧野は西園寺内閣で二度も入閣しているように、党員ではないが、事実上、政友会主義者である」（『原敬関係文書』一〇、一九八八年、二一二頁）と語っている。たしかに、牧野は、周囲からみれば薩派でありながら、政友会とも深い関係にある人物とみなされていた。

しかしながら、牧野と政友会との関係とは、党の綱領や主義に同調したものではなく、多分に、伊藤博文、西園寺公望といった、個人とのつながりにもとづく関係であった。

牧野の政党観

そもそも、牧野は、早くから政党のもつ負の面、利益誘導に走りがちな傾向を批判し、「現金的な政治」（「牧野伸顕文書」C八一）とまで酷評しており、「議会出身の政治家には国家を任せられる憂国の人物はほとんどいない」（『伊集院彦吉関係文書』一、三二七頁）という政党観を抱いていた。また、政党政治の時代において、政友会と民政党が政権交代のたびに地方官吏を更迭していた状況につき、牧野は、「政党政治の悪弊」（『回顧録』下、一八

〜一九頁）であったと、後に批判している。

原と西園寺の観察

政党政治家や議会政治に距離をおく牧野の姿勢について、当初、原も牧野の「非政党主義」的な政治信条を指摘しており（『原敬日記』三、一九五頁）、また、西園寺も、「牧野は政治家よりは実業家に重きを置く人」（松本剛吉『大正デモクラシー期の政治　松本剛吉政治日誌』三九六頁）と評していた。よって、牧野は、政党入りを希望しておらず、自身の信頼する政治家との個人的関係から政党とつながっていたにすぎなかったのである。その後、政党政治の時代になっても、牧野の政党観は基本的に変わらなかった。

自身の想定する挙国一致内閣を成立できなかった寺内首相は、なおも、臨時外交調査委員会（以下、臨調）を設置し、外交問題の処理を名目に、各政治勢力を結集させようと企図した。このなかで、牧野も、一九一七年六月に設置された臨調の委員に任命され、主要閣僚や原敬、犬養毅《いぬかいつよし》、伊東巳代治、平田東助《ひらたとうすけ》ら他の委員とともに、第一次世界大戦後の重要な外交政策であるパリ講和会議や対中政策、シベリア出兵問題などの審議にあたった。

寺内は、貴族院からの採用枠として牧野を推薦し、平田東助を山県のもとに遣わして了解を得たうえ、牧野に就任を要請している（山本四郎編『寺内正毅日記』京都女子大学、一九八

臨調の委員に任命

〇年、七四八頁、尚友倶楽部編『山縣有朋関係文書』二、山川出版社、二〇〇六年、四〇八頁)。牧野選定の人事につき、同じく臨調委員に任命された原敬や犬養毅は、薩派の代表、山本権兵衛の代理であると憶測していた。たしかに、牧野は、寺内から委員就任を打診された際、山本にその諾否を相談している(『原敬日記』四、二二三、三〇二、三四三頁)。

シベリア出兵

臨調委員に任命された牧野は、さっそくシベリア出兵という重要な外交問題を議することとなった。日本はアメリカからの共同出兵の要請をうけ、これに応ずる立場でシベリア出兵を断行した。しかし、国内では、アメリカから共同出兵が提案される前から、参謀本部が日本単独での自主的出兵を説いており、アメリカからの共同出兵提案後も原と牧野以外の臨調委員は、程度の差こそあれ、出兵地域の範囲限定に否定的で、政府も同様であった。

牧野の慎重論

日本の自主的出兵と出兵後の軍事行動範囲の拡大容認論が大勢を占めるなかにあって、牧野は、原敬とともに慎重姿勢を崩さなかった。牧野は、一貫してアメリカとの意思の疎通を重視し、出兵する場合にも軍事行動の範囲をウラジオストーク周辺に限定させ、シベリア内陸部への派兵拡大に反対論を唱え続けた。

委員辞任をほのめかす

一九一八年七月一七日に政府側が提出してきた「日米出兵宣言案」についても、牧野は署名を拒否し、「政府の真意は、米国の提議に応ずるというより、むしろシベリア干渉の実行を図るものとみるべきで、これは国家のために最も憂慮すべき点だ」（『翠雨荘日記』一五六頁）と、公然と政府案を批判しつつ、臨調委員の辞任をほのめかしながら、その非を追及した。

しかし、老獪な伊東巳代治の仲介により、牧野は委員の辞意を撤回し、政府案に若干の修正を加えることで合意した。結局、政府側の主張にそった出兵案が再作成され、臨調で可決の後、アメリカからの合意を経た同年八月中旬、日米両国はシベリア出兵を断行した。

対米関係を重視

シベリア出兵に対する牧野の慎重姿勢は、第一次世界大戦中の国際情勢への深い洞察から導きだされた外交認識にもとづいていた。臨調のなかでも、牧野は、「将来、わが帝国は米国に期待すること甚だ多く、したがって米国に対しては最も意思の疎通をはからなくてはならない」（同前、一四四頁）と述べ、今後の日本外交の基軸を対米関係にすえたうえで、その許容範囲のなかで外交手段を講じていくべきだと考えていた。

原と外交方針を共有

このような牧野の国際情勢認識は、第一次大戦中から戦後におけるアメリカの覇権の到来を予測し、対米外交の重要性を説いていた原敬も共有するところであった。そのため、両者は、シベリア出兵を審議する臨調の場でも、ほぼ歩調を合わせて慎重論を唱えていた。もちろん、牧野や原の外交方針は、中国大陸への進出を考慮していなかったわけでなく、細谷千博氏の指摘するごとく、「日本経済の対米従属性を意識」した観点から、「経済力を媒介に、漸進的に大陸への勢力進出を企図」していたのである（細谷千博『シベリア出兵の史的研究』）。

三　パリ講和会議全権として

原敬内閣の成立

一九一八（大正七）年九月二一日、寺内内閣はシベリア出兵に端を発する米騒動により、内閣総辞職に追いこまれた。後継首相には、元老の協議によって政友会総裁の原敬が推され、組閣の大命を拝した。

牧野への外相要請

原はみずから率いる政友会を母体に組閣人事をすすめていたが、外相には牧野の起用を考慮していた。その理由として、原は、「始終、余と外交上の意見が同じ」であったという外交方針の共有と、「寺内内閣に入ることを拒んだ」（『原敬日記』五、一四頁）という、牧野の政友会寄りの政治姿勢をあげている。原は、自身の構想する政治を推進していくにあたり、とくに重要な外交を担う人物として、牧野を想定していたのである。

牧野の固辞

しかし、牧野は、原みずからの説得にもかかわらず、外相就任の要請を固辞した。牧野が外相のポストを断ったことについては検討を要する。牧野自身は、説得に来た原へ、「時局の重大にして、しかも講和も近く到来するかも知れず、到底自分の力に及ばず」(同前、一六頁)と、固辞の理由を述べている。

たしかに、寺内内閣期の臨調の場でも、シベリア出兵の是非や程度をめぐって喧噪を賑わせたことは記憶に新しく、来るべき講和会議の処理は、さらに重要議題であり、問題処理にあたっての紛糾が予想された。このことが牧野に外相就任を躊躇させた一つの要因であることは確かであろう。

政治家としての立場

このほか、牧野の政治家としての立場も考慮する必要がある。原は、牧野を政友会寄りの人物と認識していたようであるが、牧野と政友会との関係とは、前述のように、多分に伊藤博文や西園寺公望との個人的な結びつきによるものであり、彼らからの個人的な要請によって入閣していたにすぎず、政友会という政党の綱領に共鳴したものではなかった。

原への高い評価

もちろん、牧野は、原とも外交論を共有しており、個人的な親交関係もあった。また、牧野は、伊藤、西園寺と同様に、原の政治家としての資質についても、「実力があり、頭脳明晰、清廉で肝の座った、政界で最も勢力を有する人物」（『伊集院彦吉関係文書』一、三二四頁）と、最高の評価をあたえていた。原も、牧野との相互の信頼関係、外交戦略の近似性を看取したからこそ、外相就任を要請したのであった。

しかし、直前の寺内内閣で寺内からの入閣要請を断っていたこともあり、原内閣での入閣は、世間に対して明確に政友会寄りの人物であることを印象づけることになる。いまだ、薩派との関係もある牧野としては、自身の政治的立場を慎重に見極めていたのではないだろうか。

これで、牧野は、寺内内閣での内相候補、原内閣での外相候補として、二代続けて主要閣僚への就任を要請されたことになる。当時の牧野が政界でいかに評価されていたかを示していよう。

講和会議の全権就任

外相への就任要請を固辞された原であったが、牧野への評価に変わりはなかった。そこで、原は、第一次大戦後に開催されるパリ講和会議の全権として牧野を推薦し、元老の山県や西園寺から了解を得たうえで、牧野に全権就任を懇請した。ここでも、牧野はその要請を断ろうとしたものの、原の強い説得もあり、西園寺が首席全権となることを条件に、原の要請を受けることにした（一一月二七日に内定）。

貧乏役

牧野が講和会議の全権に就任したことを知った義弟の伊集院彦吉（駐伊大使）は、外務省の決定を評価するとともに、「全権は好評を得られない貧乏役であり、これを引き受けた牧野義兄は、国家奉仕のために大奮発したのであろう」（『伊集院彦吉関係文書』二、一九一八年一一月二九日）と語っている。そのしばらく後、伊集院も全権に任命され、パリの地で義兄の牧野と久しぶりの再会をはたし、講和会議に臨むことになる。

新式外交

一九一八年一二月二日、講和会議全権に内定していた牧野は、出国に先立って、講和会議に臨む方針を臨調の場で披瀝した。牧野は、外務省の小村欣一《こむらきんいち》（寿太郎の長男）政務局第一課長らの意見も参考に（千葉功『旧外交の形成』）、ウィルソン（Thomas W. Wilson）米大統領の唱道する新時代の外交スタイルへの順応を説き、国際連盟の創設を必然とみて、二一ヵ条の要求やシベリア出兵のような従来までの日本の帝国主義的膨張政策を念頭に、「威圧権謀の手段を排斥し、正道をふみ弱国を助けることを主義とする」（『翠雨荘日記』三二六～三二八頁）外交スタイルに転換すべきだと訴えた。

臨調での提言

さらに、牧野は、この日の主張を書面にまとめ、一二月八日の臨調会議に提出した。その趣旨説明にたった牧野は、列席の臨調委員や陸軍首脳（寺内前首相、田中義一《たなかぎいち》陸相）らを前に、「陰謀なる術数を弄《ろう》し、他国を侵害せんとする」ような「旧式外交」から、列強との協調にもとづく「新式外交」に転換すべきだと説いた（同前、三三三〜三三六頁）。

周囲の批判

パリ講和会議の開会以前、牧野は、戦後の国際秩序がアメリカ中心となることを見越し、日本の勢力圏拡大の手法をこの新秩序に適合させたものに改めるべきだと説いたのである。原首相は牧野の提言に賛同したものの、従来型の帝国主義的外交スタイルに執着していた他の臨調委員や陸軍首脳らは、いずれも牧野の主張に批判的であった。

不本意な訓令

結局、次回臨調の場で全権への訓令案を審議した際には、伊東らの反対もあって、牧野の主張した対中政策や新式外交の文言は盛りこまれず、旧式外交スタイルで臨むことを趣旨とする案が閣議決定されることとなった。

パリ到着

一九一八年一月一八日、牧野をはじめとする全権団一行は、アメリカ経由でフランスの首都パリに到着した。首席全権の西園寺のパリ着が三月二日と遅れたため、列強全権との主要な折衝は、次席全権の牧野が取りしきることとなり、珍田捨巳駐英大使、松井《まつい》慶《けい》四《し》郎《ろう》駐仏大使、伊集院彦吉駐伊大使らの全権が牧野を支えた（鹿島平和研究所編『日本外交史』一二、六一頁）。

サイレント・パートナー

パリ講和会議における日本全権の姿勢は、五大国の一員として迎えられたものの、米英仏伊の四国全権団から中国山東省や太平洋南洋諸島の旧ドイツ権益の処分問題といった、自国の権益に関する議題のみに執着し、国際連盟の発足や対独戦後処理問題には消極的とみなされ、「サイレント・パートナー」と揶揄されてしまう。

信条と訓令とのはざま

しかし、このような日本全権の消極的な態度は、本国からの訓令にもとづく行動だったのであり、牧野自身は、臨調の席で披瀝したように、パリにおける列強全権団、とくにアメリカの志向する戦後国際秩序（新式外交）に積極的に呼応しようという考えであり、訓令の範囲内で、日本側の順応姿勢を示そうと努力していた。

人種差別撤廃を主張

パリ講和会議における牧野全権の一番の見せ場は、発足する国際連盟の規約に人種差別撤廃の条文を挿入すべく、列強全権団の間を奔走し、粘り強く日本側の主張を訴え続けたことであろう。現在でも、牧野による人種差別撤廃の提言を人種平等の視点にたった画期的な提案ととらえる向きもあるが、実態や背景はどうだったのであろうか。

オーストラリアの反対

牧野は、『回顧録』のなかで、この時の様子を詳細に語っている。外相時代におけるカルフォルニア州移民問題をめぐる経験をふまえ、牧野と珍田は、まずアメリカ全権の了解を求め、同意の言質を引き出すことに成功した。ところが、当時、イギリスの自治領であったオーストラリアが強硬に反対し、最終的に米英も反対に回ったため、日本側の主張する人種差別撤廃の文言挿入は実現しなかった。

人種差別撤廃提言の背景

つまり、牧野による人種差別撤廃の提言とは、外相時代に味わったアメリカとの移民問題を念頭に、第一次大戦後の国際秩序のなかで、欧米主導の国際枠組に日本が取り残されないよう欧米列強を牽制する意味から発せられていたのであった。決して、「人類皆兄弟」という博愛主義や反植民地主義にもとづく主張ではなかったのであり、人種平等論の先駆などと過大に評価すべきではない。

講和会議と大久保家

講和会議には、全権として牧野と義弟の伊集院彦吉が出席したことはよく知られているが、じつは、そのほかにも牧野の親族が多数、渡欧していた。兄の利和《としなか》、弟の利武はベルギーのブリュッセルで開催される万国議員商事会議に出席するために、女婿の吉田茂は全権団の随員として、牧野とともに渡欧していた。そして、この大久保一族を欧州の地で待ちうけたのが、横浜正金銀行ロンドン支店支配人に就任した末弟の利賢《としかた》であった。利賢がパリの牧野に宛てた書簡で、「一家親類、欧州に集会の事」（「牧野伸顕文書」四一一—三）と記したように、まさに牧野の親族一同がヨーロッパの地に会した。利賢は皆をロンドンで迎えたいとも伝えており、後日、牧野らは講和会議後にイギリスへ渡り、利賢とともにその労を一族でねぎらった。

牧野と珍田のコンビ

パリ講和会議後のロンドンにて
講和会議の後にロンドンの利賢を訪ねた牧野一行．前列左：吉田茂，一人おいて牧野，和喜子（利賢妻），利武，後列中央：利賢，右伊集院彦吉ヵ（1919年．大久保利泰氏所蔵，画像データ提供：東京大学馬場章研究室）

講和会議において、実質的に全権の事務を統括していた牧野と珍田は、周囲の随行員の目からみても、「ピタッと意気の合った好組合せ」「名コンビ」（菊池武徳編『伯爵珍田捨巳伝』共盟閣、一九三八年、二二二頁）であった。さらに、ある随行員は、首席全権の西園寺をふくめ、この三者関係が後に宮中でも形成されたと述べ、野球を例に、監督の西園寺と、投手の牧野、捕手の珍田にみたてている。実際、この後、監督の元老西園寺は、現場の指揮を宮相（のち内大臣）の牧野に委ね、牧野は、女房役の侍従長に気心の知れた珍田を抜擢するのである。

帰国と原の慰労

一九一九年九月一一日、牧野ら日本全権団一行が帰朝した。原首相は、牧野らを神奈川県の国府津《こうづ》駅まで出迎え、その労をねぎらった。帰国した牧野は原の要請をうけ、同一三日の閣議で旧独領南洋諸島の委任統治、山東省権益、労働問題など、講和会議における重要議題について帰朝報告を行った。さらに、同一五日、原は牧野の留守中における臨調の模様を説明し、牧野ら全権団の交渉姿勢に対する伊東巳代治らの批判についても率直に話した。牧野から原へは、山東省問題の対応や列強側との協議のなかで実感した外交官の問題、公使館員の不足、語学力の問題などを指摘した（『原敬日記』五、一四一～一四五頁）。

子爵となる

パリ講和会議の論功行賞により、一九二〇年九月七日、牧野は子爵に陞爵《しょうしゃく》され、同時に旭日桐花大綬章《きょくじつとうかだいじゅしょう》を授けられた。じつは、この論功行賞の過程で、原首相や西園寺は、全権として現地で奮闘した牧野の活躍を大いに評価し、男爵からの飛び級による伯爵の授爵まで考慮していたのだが、山県が乗り気ではなかったことが影響してか、子爵への陞爵にとどまったのであった。

第三　政治家から側近への転身

一　宮内大臣に就任

宮中某重大事件

一九二〇（大正九）年夏から二一年初頭にかけて宮中某重大事件が起こり、政界周辺のみならず、世間をも賑わせていた。皇太子裕仁《ひろひと》親王との婚約が内定していた久邇宮良子《くにのみやながこ》の実家、久邇宮家の母系の島津家に色覚異常の血統の存在が判明したため、山県有朋《やまがたありとも》ら元老が久邇宮家に婚約の辞退を求めたが、久邇宮家は右翼や世論を味方につけて、これに反対した。

山県の政治的敗北

一九二一年二月、宮内省は中村雄次郎《なかむらゆうじろう》宮相の名で皇太子婚約に変更のない旨を公表し、婚約辞退を要求していた山県と松方正義《まつかたまさよし》の両元老は、責任をとるべく、すべての栄典拝辞と公職辞任（山県は枢密院議長、松方は内大臣）を申し出た。この申し出は、後述するように、原首相や周囲の慰留もあって認められなかったものの、伊藤博文《いとうひろぶみ》の死後、元老筆頭として政官界を牛耳ってきた山県の支配力は、これ以降、大きく減退していくこととなる。

中村宮相の辞任

山県の支配力低下は宮内官僚の人事権にもおよび、薩摩出身で山県と政治的なつながりもない牧野の宮相就任に大きく作用する。一九二一年二月、中村宮相が婚約事件の責任をとって辞任すると、山県、松方、西園寺の三元老は後任宮相の選定にとりかかった。

山県は関与せず

これまで宮中首脳の人事に介入し、意中の者をすえてきた山県は、「今回の人事については発言権はない」（『原敬日記』五、三五一頁）と、宮相選考から手を引き、西園寺も沈黙したため、松方が人選を主導した。山県は、以前から牧野のことを評価しておらず、帝室経済会議顧問として牧野の名前があがった際にも、「牧野が何になる、全く話にならず」（『倉富勇三郎日記』一、一九一九年九月一五日、以下『倉富日記』と略す）と、即座に却下していた。よって、山県が今回の宮相人事に関与しなかったことは、牧野の宮中入りにとって最大の要因となったといえよう。

松方からの要請

松方が宮相の第一候補にあげた枢密顧問官の平山成信《ひらやまなりのぶ》はこれを固辞し、平田東助《ひらたとうすけ》とともに牧野を推薦したため、牧野へ宮相就任を打診してきた。松方は、同郷の牧野を推薦するにあたり、「薩摩人なので遠慮して」いたものの、山県系の平田も推薦し、「人物としては適任と思っている」ので（『倉富日記』二、一九二一年四月一四日）、後任候補にあげたのであった。

原首相に相談

松方から要請をうけた牧野は、旧友でもあり、行政を預かる原首相に諾否を相談した。牧野は、山本権兵衛《やまもとごんべえ》から宮相を打診された際にも語った、薩長以外の者からの選定を主張したが、適任者もなく、どうすべきかと原に問うと、原も薩長以外で適任者はなく、もし、君が就任するならばずいぶんと苦労するであろうから同情に堪えないと答えた（『原敬日記』五、三五一～三五二頁）。結局、牧野は宮相就任の要請を承諾し、二月一九日に親任式が行われた。

宮中入り

外交官に始まり、国務大臣、貴族院議員、枢密顧問官などの要職を歴任してきた牧野の政治経歴はここで終わりを告げ、以後、一五年近くにわたり、宮相、内大臣として側近生活を送ることとなる。

薩派の反対

大久保利通の遺子のなかでも政界の出世コースを歩んできた牧野の宮中入りに、薩派の人々は反対であった。山之内一次《やまのうちかずじ》や樺山資英《かばやますけひで》ら薩派の面々は、松方に牧野の起用を思いとどまらせようと画策しつつ、牧野には、「宮相後任を辞退するよう勧告」していた（「樺山資英日記」国立国会図書館憲政資料室所蔵、一九二一年二月一七～一八日）。薩派にとって、牧野

牧野伸顕を中心とした当時の主要な側近一覧

役職	1920年代～				1930年代～
内大臣	平田東助 (1922. 9. 18)	牧野伸顕→ (1925. 3. 30)			斎藤　実 (1935. 12. 26)
内大臣秘書官長	入江貫一 (1923. 4. 7)	大塚常三郎 (1925. 6. 15)	河井弥八 (1926. 7. 23)	岡部長景 (1929. 2. 14)	木戸幸一 (1930. 10. 28)
宮内大臣	牧野伸顕 (1921. 2. 19)	一木喜徳郎→ (1925. 3. 30)			湯浅倉平 (1933. 2. 15)
宮内次官	関屋貞三郎→ (1921. 3. 9)				大谷正男 (1933. 2. 25)
侍従長	徳川達孝→ (1922. 3. 22)		珍田捨巳 (1927. 3. 3)	鈴木貫太郎→ (1929. 1. 22)	
侍従次長	小早川四郎→ (1922. 3. 22)		河井弥八→ (1927. 3. 3)		広幡忠隆 (1932. 9. 17)

1）拙著『昭和天皇側近たちの戦争』(吉川弘文館, 2010年)51頁掲載の表を修正したもの.
2）カッコ内の年月日表記は, 就職した日をさす. なお, 内大臣秘書官長の河井の前後は, 空席だった時期もある.

は松方、山本権兵衛の跡を継ぐ次代のエースであり、有力な首相候補として温存しておきたかったのであろう。

西園寺の評価

首相候補という点につき、西園寺も宮相就任の挨拶に来た牧野へ、「宮相も従来からの候補であったが、首相として原の後を引き受けてもらいたかった」（『牧野伸顕日記』一九二一年五月八日、以下『牧野日記』と略す）と語っている。この発言は、西園寺特有のリップサービスの意も込められているであろうが、その反面、本心であったことも確かだと思われる。

三浦梧楼の評価

いっぽう、以前、山本権兵衛や松

方に山県牽制の意味合いから牧野の宮中入りを進言したことのある三浦梧楼《みうらごろう》は、「山県の宮中支配への対抗措置として牧野の起用を主張してきたのであって、山県亡き今となっては、もう用がない」(『観樹将軍回顧録』四九四頁)と、冷ややかに評している。

宮相としての意気込み

宮相就任直後の一九二一年五月九日、牧野は、全国の地方長官を招待し、彼らを前に訓示をあたえた。訓示の要旨は、「明治維新当時の君側の人々が尽力したように、我々も大正天皇の君徳を発揚し、聖徳を傷つけないようにしていかねばならない、第一次大戦後の社会思想の変化に即応しつつ、民衆の皇室崇拝を基礎とする国家体制を維持していかねばならない、外国の皇室は参考に供す程度とし、日本独自の皇室の本領を損なってはならない」(「牧野伸顕文書」三二)という点にあった。原首相いわく、宮相が地方長官を呼んで訓示をあたえるようなことは初めての事例であった。これから宮中事務を取りしきる牧野の意気込みが伝わってくる一幕である。

第一次世界大戦の影響

牧野が地方長官に訓示をあたえた背景には、第一次世界大戦後の時勢が大きく影響していた。大戦後のヨーロッパ君主国の崩壊は、当時の日本の国家指導者層にも大きな衝撃をあたえ、日本の皇室も社会の変化に対応すべきという声があがってきた。

イギリス王室の例

総力戦が大衆社会化を促進していったヨーロッパでは、王室も平準化した社会への対応を余儀なくされた。戦時中のイギリスでは、ジョージ五世（King George V）や皇太子デーヴィッド（David、後のエドワード八世）、メアリ（Mary）王女らが各地の部隊や軍需工場、傷痍《しょうい》軍人の療養する病院などを視察し、大衆の慰問、激励に奔走しつつ、宮廷での日々の生活も、国民の模範たるべく質素倹約を心がけていた（君塚直隆『ジョージ五世』日経プレミアシリーズ、二〇一一年）。

大衆社会への対応

このような皇室による大衆社会への対応は、日本でも取り入れられ、皇太子の洋行をきっかけに、いっそうの措置が講じられていった。その中心にいたのが、宮相就任間もない牧野であった。

原の皇室論

また、当時、首相の座にいた原も、皇室を政争に巻きこませないよう、政治に関係のない「慈善恩賞の府」とすべきという皇室論を語っていた。実際、原は教育改善の一環としての学校建設や、災害時の見舞いとして、皇室からの御下賜金の支出を提言し、山県や歴代の宮相らに協力を求めていた（拙著『宮中からみる日本近代史』）。「社交君主」としての機能を強調する方向性について、牧野と原は、大筋で皇室論を共有していたといえよう。

ロンドンからの便り

そして、牧野の宮相就任後の一九二一年六月一〇日、女婿の吉田茂（イギリス大使館一等書記官）が洋行中の皇太子一行をロンドンに迎え、イギリス王室や国民から盛大な歓待をうけた様子や、皇太子の堂々とした答礼演説に感激した心境などを岳父の牧野に宛てて送ってきたところであった（『吉田茂書翰』六一四〜六一七頁）。イギリス王室との自由な交流を満喫しつつも威厳を保っている皇太子の振る舞いに感動した吉田からの便りに、牧野も今後の皇室の姿について感じるところがあったに違いない。

メディア対策

牧野による大衆社会への順応路線の取り組みとして、メディア（この時代はおもに新聞）への接近もあげられる。皇太子の帰国が迫る一九二一年七月中旬、宮内省内での皇太子帰国時の奉迎準備を協議する場において、牧野らは、治安警察を管轄する海軍省、内務省当局との連携を条件に、活動写真や写真撮影の許可範囲につき、ある程度まで許容すべきことを決議していた（「牧野伸顕文書」四一四）。

新聞記者への配慮

さらに、牧野は、新聞社側から要望してきた帰国直後の記者代表と皇太子との接見につき、政府の了解を得たうえで、九月八日に記者代表へ拝謁、賜茶の機会をあたえ、各新聞社を喜ばせた。皇室と国民との距離を縮めようとする宮内省側の努力は、メディア側にも伝わっており、このような姿勢を歓迎していた（『東京朝日新聞』一九二一年九月一八日）。

質素倹約の励行

また、皇室の質素倹約の励行についても、牧野は、宮相就任直後から積極的に取り組んだ。牧野が宮相に就任した一九二一年には、大戦景気も後退して戦後恐慌を迎えており、国家財政は悪化していた。そのため、牧野は、皇室も国民に範を垂れるべく、質素倹約の励行を主張し、皇室費の削減や宮内省の冗費削減を指示していった。

行幸の効果

このほか、牧野は、地方への行幸啓も皇室と大衆との距離を縮めるのに効果的だと認識していた。一九二二年と一九二四年の秋に実施された兵庫県、石川県での陸軍大演習に際し、現地の関係各所を行啓した摂政と大衆との交わりや地方民衆の熱烈な奉迎ぶりを間近で見た牧野は、「一般民衆がこれほどまで忠誠をもって迎えてくれたのは、皇太子殿下の仁徳によるものだ」「軍事演習のような機会に皇室と国民とが接近し、親密さを増すことができ、社会思想上、いい影響を与えるであろう」という感想を抱いた（『牧野日記』一九二二年一二月四日、一九二四年一一月五日）。

関東大震災

一九二三（大正一二）年九月一日に発生した関東大震災は、皇室や宮中にも大きな被害をもたらした。牧野は天皇の静養先の日光田母沢《たもざわ》御用邸（現在の栃木県日光市）で催された天長節（大正天皇の生誕日は八月三一日）の祝宴に参加した後、現地に滞在しており、地震発生の報を聞くや、同日、帰京することを決意した。しかし、利根川に隣接する埼玉県栗橋付近の線路故障で汽車運行が不通だったため、翌二日に帰京した。宮内省に登省する途上、震災の被害状況を目の当たりにした牧野は、「惨状がますますひどくなり、筆紙に尽しがたいほどだ」（同前、一九二三年九月二日）と、衝撃をうけた。

震災対策

宮内省では、震災対策として、被災状況検分のための勅使差遣と皇室費から見舞いの御下賜金の支出を決定した。さらに、牧野は皇族附の省職員を集め、各宮家の震災に対する姿勢が皇室の御徳に影響をおよぼすので細心の注意を払い、率先して罹災者救済のための見舞い品の提供、御殿や敷地の開放などの措置を講じるよう、訓示をあたえた。

摂政の結婚延期

また、摂政は、この秋に挙行予定だった良子との結婚の延期を牧野に申し出た。牧野は、「実にありがたいお言葉であり、世間の人々も、ここまで国民の安否を気づかってくださるのかと、深いありがたみに感激するでしょう」と摂政に返答し、さらに、将来、天皇となる身分からも、このように民衆のことを気にかけるような慣習を養成していくべきだと感じた（同前、一九二三年九月一六日）。

大正デモクラシーへの対応

牧野は、第一次世界大戦後の大正デモクラシーという自由主義的な風潮に対し、宮相として慎重に対応しようと心がけていたといえよう。従来までの伝統や慣習を重視しつつも、大衆社会に応じた皇室・宮中へと漸進的に改革しようとしていた。

いっぽうで、大衆社会への牧野の姿勢は、前述した地方長官招待会の訓示にもあらわれているように、外国の君主制の事例につき、見習うべき点は参考としつつも、「皇室の御本領は損ってはならぬ」と指摘し、また、「世界的思潮の変動」によって「思想上の秩序が弛みたるは実に痛嘆の至り」（「牧野伸顕文書」三二）とも発言しており、急激な社会変動に盲従しないよう注意していた。

英国皇太子の言動

牧野のめざす皇室像を考えるうえで、一九二二年に来日した英国皇太子デーヴィッドに随行し、その人格や言動を観察した意見書も大いに参考とされていたものと思われる（坂本一登「新しい皇室像を求めて」）。意見書を作成した海軍軍人で宮内省御用掛の山本《やまもと》信《しん》次郎《じろう》は、民衆やメディアに媚びるデーヴィッドの言動を、あまりに露骨、軽率で王室の威信に欠けるものだと指摘し、対照的に、謹厳な態度に終始した摂政を高く評価している。つまり、山本の意見書は、皇室がデモクラシーや民衆に媚びてその尊厳を失してはならないと結論づけられている（「牧野伸顕文書」四―三）。

漸進主義

牧野も、大正デモクラシーや大衆社会化という社会の変動に対し、急進論を避けて漸進的な「進取」の精神で臨みながら、守るべきところは守るという、「保守」の姿勢を崩していない。この点、牧野らに批判的な人々には、新しいことに迎合していると受けとられる向きもあったが、牧野の基本姿勢は、倉富《くらとみ》勇三郎《ゆうざぶろう》（帝室会計審査局長官兼枢密顧問官）に、「人心の悪化は、自分等老人の想像以上の様である」（『倉富日記』二、一九二二年九月一八日）と語っているように、保守的な立場だったのである。

牧野の両面性

牧野の「保守」と「進取」のアンビバレントともいえる両面性について、倉富も、「牧野伸顕は或ることについては非常に新しい考えを有している」（同前、一九二二年七月二四日）と評している。倉富の指摘する「或ること」とは、彼自身、家政として関与していた有馬頼寧《ありまよりやす》の同和問題への取り組みにつき、牧野が有馬を評価し、宮内省から同愛会（有馬の設立した融和団体）に下賜金を与えたことを指していた。牧野は、皇室を護持していくうえで社会の変動を敏感に察知し、かつ、柔軟に対応する能力を身につけていたのである。

保守の一面

いっぽう、牧野の保守の一面を物語る事例として、宮相時代に大川周明《おおかわしゅうめい》や安岡正篤《やすおかまさひろ》といった右翼思想家と知り合い、彼らを尊皇家として評価し、さらに、安岡とは終生にわたって親交を続けていくことを指摘しておく。大川が現体制の打破を唱え、思想を激化させていくと、牧野も距離を置くようになる。しかし、安岡の思想は天皇制という国家体制の変革を求めるものでなかったため、その後も交友を重ねていくのであった。

摂政への助言

牧野の大衆社会への基本姿勢は、摂政に述べた忠告のなかで明確に示されている。一九二四年六月二一日、摂政は牧野宮相を呼び寄せ、東宮職職員への不満と人事の刷新を訴えた。牧野は、「職員間で意見が異なるのは世代の違いから生じるもので当然のことであり、若い者の意見が新しいからといって、古い者の意見を排除してはならない」と、摂政を優しく諭し、さらに、次のように語った。

新古を調和し、秩序をもって進歩させていくことが適当な筋道である。歴史を重んじ、新しい時代に調和させるよう折り合いをつけながら進むことこそ賢明の道である。国内のあらゆる人々、思想界の異説、社会の諸階級、若い者から老いた者の考えなどを全て把握し、一部の思潮に偏向されないよう、全てを包み込んで、これを調和させていくようにしていただきたい。(『牧野日記』一九二四年六月二一日)

新古の調和

この言葉は、牧野の社会への取り組み姿勢を凝縮したものといえる。牧野は、「新古の調和」と「社会、思想の全ての包含」を重視していたのであり、同和問題や右翼的な国体論、労働問題などさまざまな問題に関与し、常に理解しようという姿勢で臨んでいた背景には、このような信念が存在していたのである。

虎の門事件

このように、大正デモクラシーという自由主義的風潮に柔軟に対応しようとしていた牧野宮相であったが、牧野の心配する「人心の悪化」は、特権階級への批判や社会主義の実現を主張するような言論レベルでの体制批判にとどまらず、ついには、摂政襲撃という体制変革をめざす過激な行動にまで達してしまうのであった。

衝撃をうける

一九二三年一二月二七日、摂政が貴族院通常議会の開院式に向う途上、皇居虎の門付近にいた群衆のなかから、無政府主義者の難波大助《なんばだいすけ》が摂政の乗っていた自動車に近づき、散弾銃で狙撃した。銃弾は摂政には命中しなかったものの、同乗の入江為守《いりえためもり》東宮侍従長に軽傷を負わせた。世にいう虎の門事件である。牧野も摂政に供奉《ぐぶ》するため、別の車に乗り合わせており、事件に遭遇したのである。

この凶変につき、牧野は、「近来の思想の変化が国体観念にまでおよぶほどであったことを知っていたが、ごく少数者に限られ、実行に移す者など現れないだろうと考えていたが、このような不敬事件を目撃して、人心が度を失っていることを痛感した」「前途実に憂慮限りなき次第なり」と述べ、ついで、後から追想しても、あまりの非行ぶりに、「これは事実ではなく、夢ではなかろうか」というほどの衝撃をうけた（同前、一九二三年一二月二七日）。

二　摂政設置と宮中改革

待ち受ける難題

牧野は、宮相就任直後から、いくつもの重大な問題に直面することとなった。まず、宮中某重大事件の余波として生じた、元老山県、松方の公職辞任、栄典拝辞の申し出への対処である。牧野は、平田東助や清浦奎吾《きようらけいご》ら山県系の政治家のほか、西園寺、原首相といった旧知の者たちの意見を聴取し、それらを参考にしながら、この問題を処理していった。

牧野自身は、山県と松方の公職辞任について、老齢という点を加味し認めてよいという見解であったが、西園寺と原首相が政界への影響を懸念して反対したため、最終的に、大正天皇から両元老に留任を求める御沙汰書を下す形式での決着をはかった。

摂政設置問題

また、この時期には、大正天皇の病状悪化と、それにともなう皇太子の摂政設置が詰めの段階を迎えており、牧野は、宮中の責任者として問題処理に向けて奔走した。摂政設置は、皇太子洋行帰国後の速断を主張する原首相が、山県や牧野と気脈を通じて進行させ、牧野には、摂政設置に関する事務手続きを依頼していた。

山県の探り

なお、牧野宮相の人選に関与しなかった山県は、牧野の事務処理能力や政治思想、政界での人間関係などにつき、原首相に探りをいれていた。原は、そのたび、実態以上に牧野を持ち上げることなく、率直に自身の知りえる牧野像を山県に伝えていた。

例えば、山県が牧野と薩派との関係を尋ねた際、原は、「薩派のなかで牧野を担ぐ者がいたとして、牧野はそれを容易に実現できるほど敏捷のひとではない」（『原敬日記』五、三九八頁）と答えている。また、別の機会に、原は山県へ、「牧野とは親しい関係だが、彼は容易に自分の意見を聴く者ではない」（同前、四一〇頁）とも語り、牧野の芯の強さを紹介している。

牧野に一任

山県も、牧野を警戒しつつ、宮中某重大事件で宮中の支配力を後退させており、また、「松方内大臣も正親町《おおぎまち》〔実正《さねまさ》〕侍従長も頼りにならず、宮相の措置に委ねるしかない」（同前）と語っているように、宮中の事務処理について、牧野に任せるしかないと認識していた。

摂政設置に向けた指示

原や山県から摂政設置の事務処理を委ねられた牧野は、慎重ながらも実行に向けた措置を着実に講じていた。牧野は摂政設置という重要問題を処理していくにあたり、関屋《せきや》貞三郎《ていざぶろう》宮内次官や法制に明るい倉富勇三郎ら省内の信頼する部下たちに指示を出していった。

摂政設置にいたる事務処理上の問題点や政府、元老、宮中間における牧野の動向については、すでに、永井和氏の詳細な研究がある（永井和『青年君主昭和天皇と元老西園寺公望』）。これによると、牧野ら宮内官僚は、摂政設置の必要性（摂政を置かず代理ではどうか）という根本問題の是非に始まり、設置までの手順、大正天皇の病状をどう公表するか、などの諸問題につき、協議を重ねながら慎重に処理していった。

原の暗殺

摂政設置も大詰めを迎えた一九二一（大正一〇）年一一月四日、牧野とともにこの問題処理の陣頭にあたってきた原首相が、東京駅で右翼青年の中岡艮一《なかおかこんいち》に刺殺されるという重大事件が起こった。暗殺当日、原は宮内省に牧野を訪ねて摂政設置につき協議する予定であったが、牧野が不在だったため、後日の協議の約を伝達し、地方遊説のため東京駅に向かい、遭難にあったのである。

感情以上の衝撃

原暗殺の報を聞いた牧野は、何事も手につかないほどに驚き、その死を惜しんだ。原の死は、牧野にとって「たんなる感情以上のもの」（『回顧録』下、一六頁）であった。摂政設置の最終的な準備に支障をきたすことはもちろん、原は、牧野と皇室論を共有し、牧野を警戒する山県との間をとりなすなど、職務遂行上、大きな支えとなっていた。その後援者が突然いなくなったわけで、牧野は、「国家の安寧を害すといっても過言ではなく」、待ち受ける困難な前途を思い、「嘆息」するのであった（『牧野日記』一九二一年一一月四日）。

摂政設置

原の死を乗り越え、牧野は摂政設置に向けた最終的な措置を講じ、皇室会議、枢密院会議において、承認を取りつけた。一一月二二日、牧野と松方内大臣が摂政設置の旨を大正天皇に報告した際、天皇は、時折「あーあー」と述べるだけで、その意味を理解できなかった。大正天皇の反応は、摂政設置の時期が決して早くなかったことを証明している。こうして、一九二一年一一月二五日、皇太子裕仁親王は摂政に就任し、牧野も宮相としての大きな仕事を成し遂げたのであった。

女官制度改革

この後、牧野は、女官制度の改革（既婚者・日勤制の採用、家庭での育児など）を提言した摂政に対して、女官制度の沿革を述べたうえ、急激な改革は困難であり、かつ、これに消極的な皇后の意見も聞くべしと返答し、性急な改革案に応じようとしなかった。

牧野は、摂政の自発的な女官制度改革の提言を頼もしいと感じつつ、洋行や周囲の側近者の影響もあり、時勢に動かされた極端で進歩的な言動だととらえ、伝統を重んじる母親の皇后との間の親子関係や摂政に奉仕する側近の人事につき、注意すべき問題と認識した（同前、一九二二年一月二八日）。そのため、牧野は、摂政と皇后の間のバランスをとりながら、既婚者からの女官採用や宮使え後の結婚の許可など、漸進的な女官制度改革を実行していくのである。

婚約問題も解決

摂政設置という重要課題を滞りなく遂行した牧野は、もう一つの課題であった皇太子の婚約問題についても、皇太子の意思にそう形で婚約履行に向けて尽力し、皇族各宮家やいまだ婚約に消極的な皇后を説得して承認を取りつけ、一九二二年六月一二日、摂政に結婚遂行の旨を報告し、同月二〇日、摂政みずから婚姻勅許の親書に署名のうえ、正式に婚姻の成立が認められることとなった。摂政設置と婚約問題を処理した牧野は、宮相の拝命以来、常に念頭から離れることのなかった難題を片づけることができ、「心身共に解放されたる感あり」（同前、一九二二年六月二〇日）と、充実感にひたった。

山県の死

摂政設置では皇后の、婚約問題では皇太子の信頼を得た牧野は、宮相として、宮中管理の主導権を確立させつつあった。しかも、牧野にとって、最大の阻害要因ともいえる元老の山県が、原の後を追うように、一九二二年二月七日に亡くなっていた。

山県を見直す

山県が、死の直前の一月二五日に牧野を呼び寄せ、「摂政設置や皇太子婚約問題などの懸案がすべて首尾よくはかどり、実に安心した、もはや何も思い残すことはない」と、最期の言葉を伝達した際、牧野は、山県に対する世間の評判のよくないことや自分もそのようにみてきたことを踏まえつつ、親交のなかった自分に最後の誠意を示してくれたことに感動し、山県への評価を改めている（同前、一九二二年一月二五日）。

省内改革への意気込み

宮相に就任した牧野は、宮中事務を円滑に遂行していくためにも、官制改正、人員整理が必要との見解から、宮内省改革に乗りだした。牧野は、「今後、摂政設置問題をはじめ、種々の重大問題があり、これまでにないほどの大切な時期が来ると思うが、宮内省には人物が乏しい」（『倉富日記』二、一九二一年三月一一日）と倉富に語っているように、迫りくる難題を処理していくための体制づくりや有為者の起用を考慮していた。

そのため、牧野は、まず皇室経済に関する冗費節約のための官制改正を研究すべく、関屋次官以下、倉富、南部光臣《なんぶみつおみ》（参事官）、山崎四男六《やまさきしおろく》（内蔵頭《くらのかみ》）、小原駩吉《おばらせんきち》（内匠頭《たくみのかみ》）の諸氏を参集して秘密の協議会を発足させ、省内改革に取り組んでいった（同前、一九二一年四月一九日）。なお、牧野は、宮内省官制の改正という組織面での改革にとどまらず、人事刷新のため、古参の宮内官僚の更迭まで考慮していた。

不協和の萌芽

宮内省改革に乗りだした牧野宮相以下、省内首脳であったが、協議のなかで新しい宮内省の方向性や組織改革をめぐり、不協和が生じるようになる。倉富や小原、南部ら古

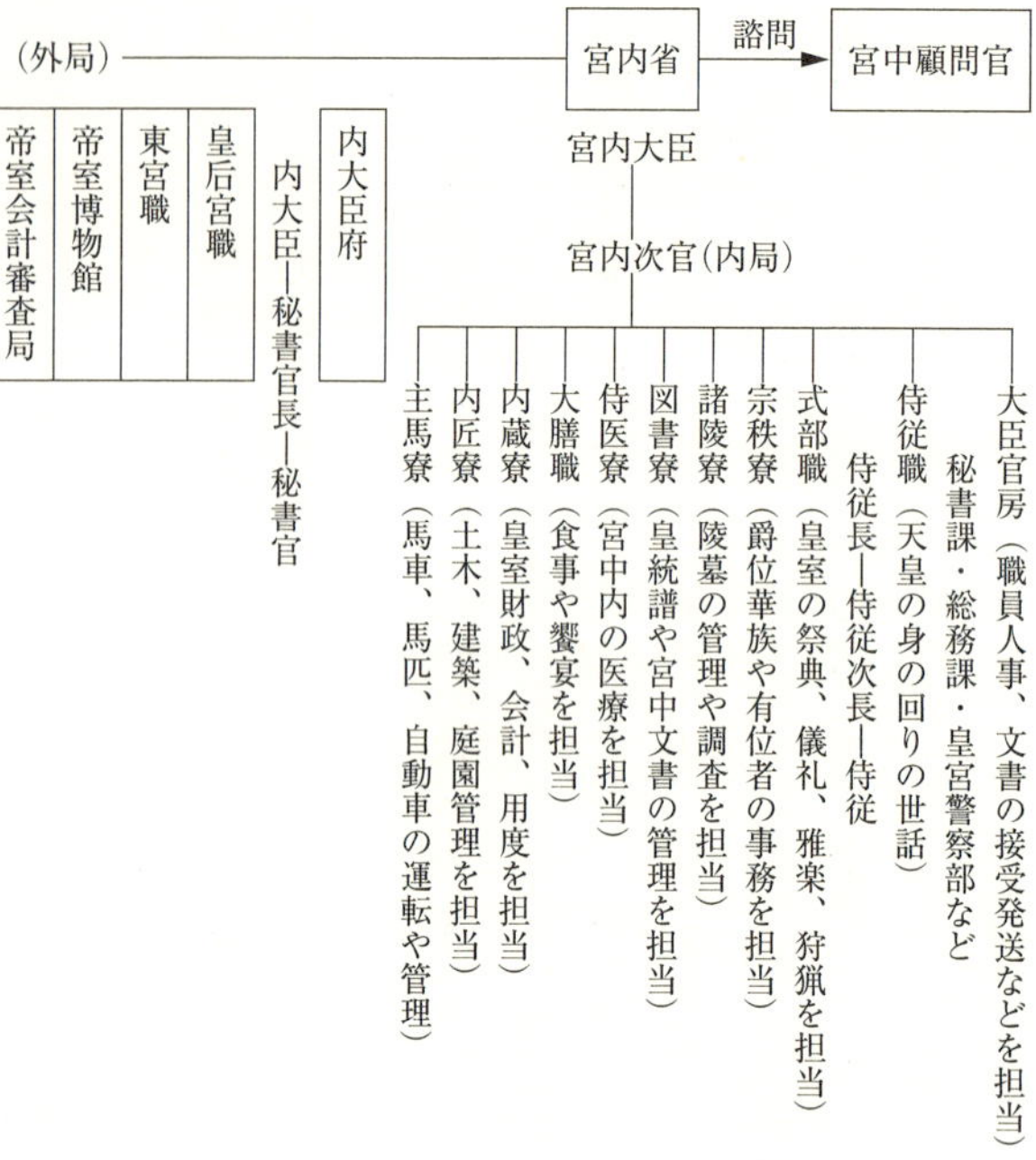

牧野が宮相に就任した当時（1921年10月）の宮中組織図

参の宮内官僚らは、徐々に関屋次官への不満を口にしはじめる。とくに、関屋が積極的に推進しようとした皇室による社会事業、慈善事業への関与につき、メディアにその件を「吹聴」するような言動を批判していた。

古参官僚の軽蔑

そもそも、倉富ら古参者は、新参の牧野宮相、関屋次官を軽視し、「二人に任せておくと何事も運ばなくなるだろう」という認識から、「各自より関屋を鞭撻し、仕事をやらせることが必要である」(同前、一九二一年三月九日)と、新参者の上司を指導していくという姿勢であった。そのため、何かにつけて、倉富らは関屋の言動を新参者の軽率な行動として受けとるようになり、また、牧野についても、省内の事情に疎い大臣という認識を共有していくのであった。

大衆社会への対応の差

これら宮内官僚の間の対立は、あるべき皇室・宮中の姿をめぐる見解の相違に帰着していたといえる。それは、第一次世界大戦後の政治社会面での変化に起因する問題であり、戦後恐慌という財政事情の悪化が宮中の財政にも影響を与え、また、自由主義的な風潮に皇室としてどう対応すべきかという問題について、新古の宮内官僚で対処法をめぐる対立が生じてきたのであった(西川誠「大正後期皇室制度整備と宮内省」、河西秀哉「新しい皇室

関屋貞三郎
(宮内次官在職時の1923(大正12)年撮影分.
関屋友彦氏所蔵)

像への宮中の対応」)。

大衆社会に即応

牧野と関屋次官は、財政悪化のために皇室費の削減を主張し、自由主義的な風潮に対しては、皇室による社会事業への積極的関与、マスメディアへの露出など、大衆社会に即応した積極的な対処を考慮していたのだが、小原や南部、倉富などは、伝統を重んじる立場から、牧野や関屋の方針に不満であった。この点、南部が摂政に仕える側近者につき、「むやみに摂政殿下に西洋の新しい価値だけを押しつけようとし、威厳を損ねるようにしているようだ」(『倉富日記』二、一九二二年一〇月二八日)と評していることは、側近間における輔弼《ほひつ》姿勢の対立軸を如実に示している。

省内対立の経過

古参の宮内官僚による牧野らへの反発は、まず、牧野宮相のもとで宮中事務を管轄する関屋次官への不満となって表出し、関屋に職務姿勢の転換を訴えても修正されないと、つぎは、牧野に事務処理の体制一新を訴えるようになる。

反対派の意見書

一九二三年九月には、関東大震災後の事務処理をめぐる過程で、従来からの不満を鬱積させていた反牧野派の官僚らが談合し、牧野に意見具申することを申し合わせるにいたった。牧野に意見を具申する役目を務めたのが倉富であり、倉富は、西園寺八郎《さいおんじはちろう》(庶務課長、公望の養嗣子)や小原らの意見を参酌し、意見書を作成した。そして、九月二一日

(『牧野日記』では二〇日)、倉富から牧野へ「震火災善後策に付意見書」を手渡し、さらに、口頭でその趣旨を伝えた。

省務の刷新を要求される

倉富の提出した「震火災善後策に付意見書」の趣旨とは、関屋次官が省務を統一しているることで管轄の各部局長と対抗することが多い、よって、大臣が省務を統一するような体制にしてもらいたい、という内容であった(「倉富勇三郎日記」国立国会図書館憲政資料室所蔵、一九二四年三月二九日)。さらに、その後も、西園寺八郎や小原ら反牧野派の宮内官僚らが、同様に事務処理の刷新を求め、牧野と関屋に談判している。

従来から省内における対立関係を承知していた牧野は、改めて倉富らの突き上げをうけたため、一〇月五日に宮内省の部局長を集め、訓示をあたえた。この訓示は、「牧野伸顕関係文書」に収められている「宮内省の事務刷新に関する訓示」(「牧野伸顕文書」三八―六)かと思われる。訓示には、倉富らの求める事務処理体制の刷新案を採用し、関屋次官による省務統一を改め、宮相みずからが重要案件処理の議長となり、次官や部局長、事務官らの関係者を召集し審議する体制とし、陰で互いに誹謗するような弊害を除いていくと記されている。

訓示にも不満

牧野の訓示を一読すると、倉富ら反牧野派の官僚が訴えていた点が改善されたかに思える。しかし、実際はそうでなかった。牧野の訓示を聞いた倉富は、結局、この案では牧野が大臣として省務を統一することにならず、「効能はなく」「何等まとまることはない」と語り、西園寺八郎も「大臣が優柔なので、次官がしっかりしなければならないのに、二人とも愚図《ぐず》なので、どうしようもない」（「倉富日記」一九二三年一〇月六日）と批判した。

反対派の更迭

牧野も反対派の意見を聞き入れて対処法を講じつつ、いっぽうで人事権を行使し、反対派の古参官僚の更迭という強硬手段で応じることにした。牧野は、宮内省調査課長の地位にあった南部光臣を一九二三年四月に更迭し、さらに、翌一九二四年四月四日には、後進者登用という理由で小原内匠頭に更迭の旨を言い渡した。

小原の牧野批判

牧野に退官を言い渡される直前まで、自分が更迭されるとは思っていなかった小原は、表面上、淡々と更迭を受け入れる姿勢をみせながら、反牧野派の同志である倉富には、「関屋と喧嘩でもしようかと思ったが我慢した、牧野の態度は気に入らない」（同前、一九二四年四月七日）という本心を語り、憤慨していた。

新陳代謝

このほか、宮内省内には、牧野と関屋に批判的な倉富や西園寺がいたが、牧野は、法制官僚としての知識を頼みとしていた倉富と元老西園寺公望の養子の西園寺八郎を更迭しなかった。そして、退いた古参官僚に代わり、宮内省には、河井弥八《かわいやはち》や木下道雄《きのしたみちお》など外部出身の新参を起用し、人事の新陳代謝を促進させていった。

牧野による人事権行使という強硬措置に対し、反牧野派の宮内官僚らは、西園寺八郎を通じて元老の西園寺による仲介、できれば牧野宮相、関屋次官の更迭ということまで考慮していた。しかし、西園寺は、宮内省にとって不祥事問題に発展しかねないような御料地払い下げ問題や東久邇宮の牧野批判、皇族による関屋批判などにつき、牧野や関屋を擁護し、八郎らの首脳追い出しの画策に加担しなかった（西川誠「大正後期皇室制度整備と宮内省」、伊藤之雄『昭和天皇と立憲君主制の崩壊』）。

西園寺の庇護

以前から牧野の手腕を評価していた西園寺であったが、牧野による宮中事務の処理についても、同様に高く評価していた。一九二四年一月一九日、西園寺は宮相辞任説も出ていた牧野について、「今日の宮相は首相よりも大切であり、ほかに適当な人がいない、牧野が辞職するとなるとよほど人選を考えねばならない」（『松本剛吉政治日誌』二九六頁）と述べ、牧野の辞任に反対であった。牧野は、西園寺の庇護のもと省内の反対派を抑えて、宮中での主導権を掌握していくのであった。

三　政変への関与

松方と協議

宮相就任後、牧野は元老と内大臣との間の情報仲介役として、後継首班奏請に関与するようになる。その最初の例は、原首相の遭難という急変時に起こった。原暗殺の報をうけた松方内大臣は、一九二一（大正一〇）年一一月五日、清浦奎吾《きようらけいご》枢密院副議長と会見、西園寺を後継首相候補として擁立することで一致し、牧野にも西園寺を説得するよう依頼した。牧野は、西園寺を訪ねて松方から依頼されたように首相就任を要請したものの、西園寺から断固拒否されてしまう。この旨を松方に伝達した牧野は、第二の首相候補についても協議にあずかり、政友会の高橋是清《たかはしこれきよ》蔵相を候補とする意見について賛同している（『牧野日記』一九二一年一一月五〜九日）。

加藤友三郎内閣奏請

その後、高橋内閣が政友会の内紛により動揺をきたしはじめると、牧野は、山県の死後、枢密院議長に就任していた清浦奎吾と会見のうえ、西園寺に政変の近い状況を連絡させた。一九二二年六月六日、高橋是清首相が牧野を訪ね、総辞職の決意を伝えた。牧野は、すぐさま摂政に拝謁して、この情報を伝えると、高橋の総辞職の奏上後には、元老へ後継首班について下問するよう、再度、摂政に言上した。同日夜、牧野は松方内大臣を訪ね、後継首班について協議し、加藤友三郎《かとうともさぶろう》海相を候補としつつ、これでうまくいかない場合には、憲政会（加藤高明《かとうたかあき》）への政権譲渡ということまで申し合わせた。

重臣の参加を希望

ここまでの過程をみただけでも、牧野の行動が宮相の職権から逸脱したものであることは明らかである。しかし、驚くべきは、その後であり、牧野と松方は、後継首相に関する協議だけでなく、政変時における後継首班奏請方式につき、これに参画する者として、元老のほかに清浦と山本権兵衛の二名を加えようとし、摂政から事前に了解を得ておくということまで話し合っていた（同前、一九二二年六月六日）。

奔走する牧野

さらに、牧野の政変時における積極的な関与は、第二次山本権兵衛内閣奏請時にもみられた。一九二三年八月、加藤友三郎首相が急病で死期が迫っているという報に接した牧野は、宮内省の部下に命じて平田東助内大臣（一九二二年九月就任）や西園寺に上京を促す旨を報告させ、自身も上京してきた平田と後継首班奏請の手続きについて協議している（伊藤隆編『大正初期山県有朋談話筆記　政変思出草』山川出版社、一九八一年、一九二～一九三頁）。

平田は摂政から内大臣への下問、内大臣から元老を召すよう返答するという方法を提案し、同じく、西園寺も元老のみの協議で選定したいと伝えたため、牧野もこの案に従わざるをえなかった。

政変関与の背景

このように、牧野が宮相として後継首班奏請の過程に参画できた背景には、元老の減員、高齢化による機能の代行という側面と、宮内官僚間の職域を越えた横断的関係の構築という側面が影響していた。

牧野の立場

牧野が宮相に就任した翌年、一九二二年二月には山県が亡くなり、生存する元老は松方と西園寺のみとなり、しかも、両者とも高齢化により病臥の機会も増えていった。政変時に上京して一同に会することが困難な場合、両者に政治情報を提供する者が必要となる。しかも、事は後継首相の選定という最高機密事項であるため、元老の信頼する者でないと、その役目は務まらない。幸い、牧野は、松方と西園寺の両者と古くから親交があり、二人から政治的能力を評価されてもいた。さらに、内大臣であった松方とは、側近同士、皇居内で接触する機会も多く、これらの点から、牧野は、情報仲介者として適任であった。

牧野自身の考え

牧野は、みずから元老とともに後継首班奏請の協議に加わることを望んでいたわけではなく、元老や重臣の間の連絡役に徹しようとしていた。牧野と松方は、加藤友三郎内閣奏請の際に、清浦奎吾と山本権兵衛を協議に参加させようと画策した。しかし、元老の再生産を嫌う西園寺と平田内大臣の反対にあい、この試みは一回限りで頓挫してしまった。

元老追加を希望

なおも、牧野は、一九二四年二月にも西園寺へ政変時の「御諮詢範囲の件」を持ちだしている。牧野の希望する奏請システムは、有力な重臣を「準元老」として追加し、元老機能を継承させることであった。しかし、西園寺と平田内大臣は「準元老」の追加に反対であり、松方死後の一九二四年夏に、元老を西園寺で打ち切り、後継首班奏請については、当分、元老と内大臣の協議による方式でいくことを申し合わせた（永井和『青年君主昭和天皇と元老西園寺公望』）。

元老追加論の理由

牧野は、この後も重臣や枢密院を権威化させ、元老と同じような政治的地位をあたえようという意見を抱き続けていく。なぜ、牧野は、執拗に元老追加案を抱き続けたのであろうか。牧野は、周囲に後継首班奏請方式に関する持論を語っており、その趣旨は、後継首相を天皇に推薦するという重要な任務は、特定の役職者（貴衆両院議長、枢密院議長）や制度に委ねるべきではなく、その任務に堪えうる人物本位で選ぶべきだという点にあった（「平田東助文書」国立国会図書館憲政資料室所蔵、六六―一）。

山本権兵衛への信頼

その候補者として、牧野の想定していた人物が山本権兵衛であったことは、『牧野日記』での牧野の山本評をみれば明らかである。牧野は、山本を西園寺と同等に評価しており、重要な事案について、山本に相談することが常であった。そのため、牧野は山本を一般的な意味でいう「重臣」ではなく、元老と同じ程度の権威や権限を付与させた身分とし、西園寺とともに、後継首班奏請はもとより、天皇を補佐し、重要な政治問題の処理にあたってもらいたかったのである。

平田東助の内大臣就任

この間、一九二二年九月に松方は内大臣を辞任し、後任には、山県系の平田東助（宮内省御用掛）が就任していた。牧野は、以前から西園寺を内大臣にすえたかったようで、西園寺本人や生前の原首相にこの旨を伝えていた。牧野が西園寺の内大臣就任を希望する理由は、就任間もない摂政を支えるため、維新創業時と同じくらい側近の人選が重要であるという点にあった（『牧野日記』一九二二年二月二五日）。やはり、ここでも牧野は、明治維新当時の側近や政治家を理想視している。

明治を理想化

この点につき、摂政や牧野が、東京帝国大学教授で宮内省臨時帝室編修局編修官長を務めた三上参次《みかみさんじ》の進講をうけ、明治天皇の治世を理想化し、天皇の「リーダーシップを美化した」認識を持つようになったという、伊藤之雄氏の指摘がある（『昭和天皇と立憲君主制の崩壊』）。たしかに、大正期における三上参次の征韓論を題材とする進講につき、牧野は、「維新創業時の天皇の苦悩、重臣の忠誠を聴取することは、君徳大成上大いに効果あり」（『牧野日記』一九二四年一月一四日）と評している。

維新への郷愁

しかし、牧野が理想化した点は、「適当な聖断を下した」明治天皇の行動もさることながら、父の大久保利通らをはじめとする、維新の重臣たちの忠誠心、働きであったように思われる（古川隆久『昭和天皇』）。伊藤氏も依拠している高橋勝治氏の研究によれば、大正から昭和期にかけて三上の行った進講のテーマは、明治天皇に関するものより、維新功臣や元勲の事蹟に関するものが多い（高橋勝治「三上参次の進講と昭和天皇」『明治聖徳記念学会紀要』第一五号、一九九五年）。牧野は、早い段階から、講演の際や知人への書簡のなかで、尊敬する父をはじめ、維新当時の重臣らの功績を賞賛しており、三上の説く「功臣や元勲の事蹟」に共感を覚えたに違いない。

平田と牧野

松田好史氏の研究によると、平田は内大臣就任後も月に一、二度程度しか内大臣府に出勤せず、「常侍輔弼」する側近というより、前任者の桂太郎、大山巖《おおやまいわお》、松方正義ら元老のスタイルを踏襲し、政界での調整役として働くことが多かった。また、平田は、宮中事務について、先に宮中入りしていた牧野宮相に任せようとしていたようで、牧野の主導する宮内省の体制に口をはさもうとしなかった（松田好史「内大臣制度の転機と平田東助」）。

そのため、牧野は、従来どおり、宮内省全体を統括する地位を維持し、さらにその支配力を強化させていくことができた。

義弟の死

宮相として奔走する牧野であったが、この間、親族の悲報に接している。一九二四年四月二六日、妹芳子の夫である伊集院彦吉が五九歳の若さで亡くなった。牧野は、夫を亡くしながら気丈に振る舞う芳子の姿に感服するいっぽう、パリ講和会議の全権をはじめ、ともに政治の世界で汗水を流してきた義弟の早すぎる死を悲しんだ。

親英米派

牧野といえば、自他ともに認める親英米派であることは言を俟たず、政治の世界に身を投じてから終生を通して、そのスタイルに変化は生じなかった。牧野が政治への関与を抑制される宮内官僚の地位に就いてからも、自身の抑制姿勢とは関係なく、周囲が牧野の人間性や宮中大官としての地位の高さに着目し、公私を問わず、親英米派としての牧野を利用しようと近づいてくるのであった。

駐在外交官の訪問

一九二四年五月一九日、ウッズ（Cyrus E. Woods）駐日米大使が離任の挨拶をかねて牧野を訪ねた際、在任中の日本政府筋による態度につき不満を述べた。ウッズが私憤ともいえる問題をあえて牧野へ伝達しにきた理由は、元駐日米大使のモリス（Roland Morris）から面倒の際には牧野に相談するよう助言されていたからであった。牧野は、ウッズの不満につき、離日する米大使がこのまま日本への悪評を抱いたまま帰国させるのは不利益をもたらすと考え、翌日、松井慶四郎外相を訪ねてこの旨を伝え、何らかの手段を講じるよう注意している（『牧野日記』一九二四年五月一九～二〇日）。

以後も、牧野のもとには、親英米派、協調外交主義者としての評判を聞きつけた外国の駐在外交官らが頻繁に訪ねてくるようになり、おもに当該国と日本との外交関係に関する問題を中心に、ウッズのような個人的問題も含めて牧野の意見を仰ぎにくるのであった。

四　内大臣に転任

平田内大臣の辞意

平田東助は、内大臣就任直後から病気がちとなり、一九二四（大正一三）年には、自動車事故と病気療養のため、逗子（神奈川県）に引きこもる生活をしいられていた。そのため、平田は、同年一一月になると、宮中に出仕もできず、内大臣の職責もはたせないという理由から辞職を決意し、部下に牧野と西園寺へ連絡させ、正式な辞任手続きを命ずるにいたった。平田の辞意をうけ、西園寺は後任の選定にとりかかった。

内大臣の選考

西園寺は牧野と内大臣後任について協議した際、牧野が宮相と内大臣を兼任する案、牧野が内大臣に転任し一木喜徳郎《いちききとくろう》(枢密院副議長)を宮相にすえる案、一木を内大臣にする案の三つをあげた。この時、牧野は意見を述べず、ただ聞いているだけであった。その後の協議のなかで、斎藤実《さいとうまこと》(朝鮮総督)や東郷平八郎《とうごうへいはちろう》(元帥)ら海軍軍人も内大臣候補にあがったが、結局、西園寺は辞任する平田の意見も参酌し、当初、牧野に語った三つの案のうち、牧野を内大臣に転任させ、一木を宮相にすえる案を採用することにした。

西園寺の考え

平田内大臣の在任中、後継首班奏請時に元老と内大臣との協議方式を採用したばかりの西園寺にとって、現状で内大臣を任せられる人物は、牧野以外、見あたらなかったのではないだろうか。

西園寺は、山本権兵衛の「準元老」化に反対していたように、政治勢力としての薩派を警戒していたものの、牧野に対しては、「薩派は油断できないが、牧野は公平でまず安心だ」(『松本剛吉政治日誌』一九八頁)、と好意的に評していた。後継首相を選定するにあたり、政治的中立性を保って特定の政治勢力に肩入れしないことを重視していた西園寺は、牧野をその基準を満たす人物と判断したのであろう。

薩派との距離

牧野も、西園寺の薩派への警戒心を感知しており、宮相就任後は意図的に薩派と距離を置くように努めていた。牧野が西園寺とともに加藤高明を再度、首相に奏請にしたことにつき、薩派を嫌う松本剛吉《まつもとごうきち》と会見した西園寺は、牧野をかばいながら、薩派が牧野に不満を抱いているようで、牧野も困っている、牧野は薩派と見なされることを苦にしているようだと、語った。また、牧野自身、松本へ薩派といわれることに困惑している胸中を伝えている（『松本剛吉政治日誌』四三七〜四三八、四四三〜四四四、四六九頁）。

宮中入りした牧野は、「宮中・府中の別」を明らかにするためにも、薩派への肩入れを抑制しようとしていた。ただし、その後も牧野は山本を信頼し、政治問題についての相談を続けており、薩派の面々との意見交換も継続していた。牧野は、薩派としての公私の区別を明確にすべく努めていたのである。

内大臣に就任

一九二五年三月三〇日、牧野は内大臣に就任した。牧野は、「この重任を拝し所感深く、只《ただ》責任の重大なるに自《おのず》から微力短才に顧み恐懼《きようく》に堪へず」（『牧野日記』一九二五年三月三〇日）という心境であった。この日、兄の利和《としなか》と弟利武が内大臣就任を祝すため、牧野を訪ねてきた。内大臣という天皇輔導の要職に就いた牧野の姿に、利和と利武は、父の利通が宮内卿として側近に仕える予定であったことを想起し、感慨を深くするとともに、誇りを感じたに違いない。

大役を担う

こうして、牧野は、「常侍輔弼」という大任に加え、後継首相の選定にもあずかる重要な役職に就くこととなった。内大臣の政治的役割がまし、政界やメディア、一般民衆にまでそのことが認知されはじめた時に、牧野はこの重職に就任したのである。なお、内大臣就任時の年齢でいうと、牧野は六三歳であり、平田（七三歳）、松方（八二歳）、大山（七一歳）らの前任者と比較すると、ひと回りほども若かった。

期待と重責

宮相として宮内官僚の経歴を積んできた牧野の内大臣就任は、メディアにも好意的に迎えられた。同時に、内大臣が若い摂政への輔導と消えゆく元老の職務代行などの重責をはたしていかねばならないことに奮起を求められていた（『東京朝日新聞』一九二五年三月三一日）。

伯爵に陞爵

内大臣就任直後、牧野は、その経歴にまた一つ勲章を加えた。一九二五年四月九日、牧野は、宮相在任中の皇太子洋行、摂政設置、皇太子結婚などの任務挙行の功績により伯爵に陞爵《しょうしゃく》され、同日、摂政臨席のもと、親授式が行われた。

反対派の批判

牧野の内大臣就任と伯爵への陞爵について、宮中改革で省内の反対派を形成した倉富や小原、南部らの面々は、「牧野は君子の人ではない」「宮相就任後の牧野の功績は伯爵の理由とするほどのことではない」（「倉富日記」一九二五年三月三一日、四月九日）などと語り合い、依然として、牧野を批判していた。

西園寺の側近管理

牧野が宮相、内大臣として宮中事務を取りしきることができたのも、元老として宮中問題を最終的に統括する西園寺のスタイルに拠るところが大きかった。西園寺は、平田が内大臣に就任した際、「私の子分ではないので、山県との関係のように、いちいち連絡せずともよい、自由に仕事をしてくれ」(『松本剛吉政治日誌』一九九頁)という趣旨の言葉を伝えさせている。

西園寺は、職務上の関係につき、部下や同僚となった者の裁量を認める管理法をとっており、元老となってからも、宮中のことは、側近首脳の人事や重要な政治外交に関する問題を除き、信頼する側近首脳に一任する管理法をとっていく。このような西園寺の組織管理の手法は今に始まったことではなく、文部次官時代に文相の西園寺に仕えた牧野も、放任主義的な西園寺の管理法を経験しており、この点を高く評価していた。

三位一体の側近体制

側近首脳に宮中の事務一切を委ねる手法について、一九二六年一一月、西園寺は内大臣秘書官長に就任した河井弥八へ、「摂政の政治的修養のため、国務大臣と内大臣、宮内大臣らは重要任務を負っている」と伝えており(『昭和初期の天皇と宮中 侍従次長河井弥八日記』六、二三三~二三四頁)、国務大臣と宮相、内大臣の輔弼機能を並立させて論じている。

後に西園寺の私設秘書となる原田熊雄《はらだくまお》も西園寺の理想とする側近体制を宮相、内大臣、侍従長の「三位一体」と表現している。西園寺は、官制で定められた側近職の権限にこだわらず、宮中の事務や政府との連絡につき、首脳職（親任官待遇）の宮相、内大臣、侍従長の横断的な協力関係を重視していたのであった。

牧野グループ形成へ

牧野は、西園寺の宮中管理法に即応し、宮中入りしてから、徐々にみずからの考えや理念に近い者を側近に起用して、「牧野グループ」とも呼べる勢力を築いていった。宮内次官に起用した関屋貞三郎を先駆けとし、東宮職改革にあたっては、評判の良くなかった浜尾新《はまおあらた》東宮大夫の後任に、外交官出身で牧野の信頼する珍田捨巳《ちんだすてみ》を起用した。

側近起用法

内大臣転任後、牧野は直属の部下である内大臣秘書官長の人選につき、関屋次官の紹介で外部から大塚常三郎《おおつかつねさぶろう》（朝鮮総督府内務局長）、河井弥八（貴族院書記官長）を起用する。ただし、牧野は、側近起用法について、山県や前任の平田のように、初めから自分の意のままに動かせる「腹心」を起用したわけではなく、信頼する親族や部下に人選を任せていた（松田好史「内大臣の側近化と牧野伸顕」）。弟の大久保利武や部下の関屋次官は、牧野の主義主張を熟知しており、自然と牧野の輔弼観に合致した人物を側近候補とし、接触していたに違いない。

関屋による側近斡旋

　実際、関屋は知人の大塚常三郎に内大臣秘書官長への就任を要請した際、元老後の側近体制を見すえ、内大臣となる牧野を中心に内大臣府の役割が重要となること、秘書官長の職務は牧野の性質によるであろうことなどを指摘しつつ、その牧野について、「重厚、寛容、剛毅、純忠高潔なること、多くその比を見ない人物」と絶賛しながら、秘書官長への就任方を依頼していた（「大塚常三郎文書」国立国会図書館憲政資料室所蔵、六七―一）。

　また、関屋は、その後の内大臣秘書官長の人事でも候補者選考の任にあたり、河井弥八、岡部《おかべ》長景《ながかげ》を推薦し、牧野と一木宮相の内諾を得たうえで、候補者に就任を依頼していく。関屋は、岡部を説得する際にも大塚に語った時と同様の趣旨を説明し、後日、職務内容や省内の雰囲気、右翼からの批判などについても伝達した。岡部は、牧野と前任の河井とも就任前に面会し、それぞれ職務内容や政治情勢などを聞きとっている。

　このように、牧野の内大臣転任後に起用された新任の側近者は、就任以前に牧野本人や関屋次官から職務観や職場の実情を聴取し、就任直後から牧野の輔弼観や政治思想に共鳴していくことができたのである。

勤務スタイル

　牧野は、前任の平田と同様、普段は鎌倉の自宅に住み、とくに宮中からの呼び出しがなければ、月に一、二回上京し、内大臣府に詰めるという勤務スタイルをとった。牧野は知人から内大臣の官制どおり、常に側近に仕えるよう忠告された際に、「内大臣があまり頻繁に出仕するのもいかがなものか」（小林道彦ほか編『内田康哉関係資料集成』一、柏書房、二〇一二年、三三〇頁）と返答した。牧野は、宮相時代に前任者の松方正義と平田東助の勤務ぶりを間近でみており、内大臣の勤務形態を「閑職」と認識し、自身もこの勤務スタイルを踏襲したものと思われる。

勤務形態の変化

松田好史氏の指摘によると、内大臣の職務や勤務スタイルは、平田、牧野といった元老でない者の就任によって変化しはじめ、さらに、政治問題を日常的に処理するようになる斎藤実、湯浅倉平《ゆあさくらへい》の在任時になると、内大臣府への出勤日も増えていく。牧野の内大臣在任期間は、その過渡期にあたり、牧野の出勤が月に一、二度の出勤にとどまったため、その職務の代行という形式で、侍従長や侍従次長、宮内次官ら「牧野グループ」の構成員が協議を重ね、牧野を助けていたのである（松田好史「内大臣の側近化と牧野伸顕」）。

首相選定の基準

内大臣となった牧野は、西園寺から政変時における後継首相の選定につき、ともに協議にあずかるよう依頼された。後継首相の選定という重要な役割を担っていくにあたり、牧野は何を選定基準にしていたのであろうか。その答えの一端を宮相時代における発言からうかがってみる。

水野内相への忠告

一九二四年五月、清浦内閣の打倒と普通選挙の実施を訴える護憲三派が第二次護憲運動を起こし、総選挙で圧勝した。選挙で惨敗した清浦内閣の進退をいかにすべきかを相談しにきた水野錬太郎《みずのれんたろう》内相へ、牧野は、「今日は政党の政綱や首相候補者の優劣を比較している場合ではなく、まず、危機に迫った人心の安定と秩序の保持が先決であり、これを実行できる内閣の成立がもっとも重要だ」（『牧野日記』一九二四年五月一七日）と語った。

護憲三派内閣を評価

さらに、この直後に成立した第一次加藤高明内閣（護憲三派内閣）にライバル政党の党首、高橋是清と犬養毅が入閣したことについても、牧野は、「人心安定の点からも非常に好影響を与え、実に近来の快事だ」（同前、一九二四年六月九日）と述べている。

いずれも、牧野は「人心の安定」と「秩序の保持」を内閣成立の要点にあげている。つまり、牧野は、首相を選ぶ際に、政党政治家や政党の綱領を第一の基準としておらず、まずは、国家社会の安定と秩序の維持を優先的に考え、その実行に適した人物を選ぶという考えであった。この牧野の選定基準は、その後の後継首班奏請時にも適用されていく。

憲政の常道

牧野の内大臣在職時は、いわゆる「憲政の常道」にもとづき、政党内閣制が継続する時期とほぼ重なっている。当時、後継首班奏請が「元老・内大臣協議方式」となっていたこともあり、政党内閣制に対する牧野の考えを西園寺のそれと同様にみる傾向がつよい。たしかに、この間における牧野の人選は、西園寺の決めたルールに従い、政友会と憲政会（民政党）の党首を指名していく。

牧野の政党観

ただし、政党内閣制という政治体制について、牧野と西園寺の認識が完全に一致していたわけではない。西園寺が政治の安定化を重視し、政党内閣制という政治形態を定着化させようと志向していたのに対し、牧野は、人心安定、秩序維持の観点から、持論である「人物」本位で行政府の長官（首相）を選定していたのである。それは、元老後の国家指導体制を模索した時と同じであり、政党内閣制という「制度」ではなく、行政をあずかる長としての「人物」を重視していたことにほかならない。

牧野にとっての政党内閣制

すなわち、牧野にとっての政党内閣制とは、人心安定、秩序保持を実現するための手段にすぎず、人心や秩序を乱すような政党政権には批判的な眼差しを向けるのである。そもそも、牧野は、政党という政治集団を批判的にとらえており、政治家個人として、西園寺や原、山本権兵衛らを高く評価していた。よって、牧野の政党（政治）観からは、原の率いる政友会、加藤高明、浜口《はまぐち》雄幸《おさち》の率いる憲政会（民政党）を評価し、田中《たなか》義一《ぎいち》の率いる政友会を批判的にみなすという傾向がでてくる。

この点につき、牧野が政治的影響力を持たない一般人ならばまったく問題にはならないが、「常侍輔弼」という天皇の補佐役であり、後継首班奏請にもあずかる内大臣である以上、偏向的な政党観は、後述する田中内閣期のように、政治上の問題を生む原因ともなりかねなかった。

輔弼の開始

牧野は、「常侍輔弼」の大役を担う内大臣として、摂政への政治情勢の言上を開始した。時の政権は、護憲三派の第一次加藤高明内閣であった。一九二五年四月一一日、牧野は、政局の現状にかんする自身の意見を摂政に言上した。そこでは、護憲三派による連立政権の存続が困難なこと、政党間による合併や新党結成の可能性などのほか、イギリスにおける「陛下の反対党」の意味についても言及した(同前、一九二五年四月一一日)。

野党も来るべき政権に備えて重要な政治的役割を担っていることを摂政に伝えていることから、この当時の牧野が、政党間で政権を交互に担当する政党内閣制を支持していたことがわかる。ただし、牧野の場合、前述したように限定的な意味で政党内閣制をとらえていたことを忘れてはならない。

田中義一の政友会総裁就任

牧野が摂政に伝えたように、この時、政友会では総裁派と非総裁派の内紛状態にあり、四月には高橋是清が総裁を退き、後任に陸軍大将の田中義一を迎えた。一九二五年五月九日、政友会総裁の就任挨拶のために訪ねてきた田中に対し、牧野は、政党党首としての政治責任について所見を述べ、各政党間で大局に着眼し、非常時には協力を惜しまず、平時には感情に走らないよう、訓戒の言葉をなげかけた。以前、陸軍内部における田中と上原勇作らとの派閥抗争の際にも、牧野はこれを批判的に評しており、政友会という大政党の党首としての田中の力量に一抹の不安を覚えていたに違いない。

初の政変に遭遇

七月三一日、第一次加藤内閣は総辞職した。摂政から後継首相の選定を含む措置を下問された牧野は、西園寺の意見をうかがうよう返答し、翌八月一日、みずから御殿場にいる西園寺を訪ねた。加藤の再任を望む西園寺の意見に牧野も同意し、政友会の最近の行動を「小策士の仕事であり、党内の統制にも欠け、到底、信任に足るものでない」(同前、一九二五年八月一日)と、強い口調で批判した。帰京後、参内した牧野は摂政に西園寺の意見を伝え、自分の意見も同意であると付け加えた。これにより、摂政は加藤を呼んで組閣を命じ、八月二日に第二次加藤高明内閣が成立する。

重臣の参加を求める

同年九月、浜尾新枢密院議長が急死すると、牧野は後任に清浦奎吾の起用を提言した。その理由は、今後の政界での重要問題や政変時に際し、重臣として「閲歴、経験、声望」のある清浦が望ましいという点にあった。

内大臣の重責を自覚

牧野は、西園寺と前任の平田東助との間で交わした政変時の「元老・内大臣協議方式」につき、西園寺から説明を受けておらず、依然として、重臣の参加を主張していた。牧野が、西園寺から「元老・内大臣協議方式」の説明をうけるのは、一九二六年一〇月二八日の訪問時であり、「実に重大なことを引き受けることとなった」（同前、一九二六年一〇月二八日）と、改めて内大臣の重責を自覚するとともに、自分がその器でないということも付け加えた。

政党政治の醜聞

加藤高明の急死によって政権を引き継いだ第一次若槻礼次郎《わかつきれいじろう》内閣では、憲政会、政友会、政友本党による批判合戦が横行し、金銭にからむ疑獄事件も明るみとなった。憲政会が田中政友会総裁の陸軍在職時代の軍事機密費流用事件を議会で追及した際、牧野は、「各政党の内面の堕落《だらく》を暴露し、とくに陸軍巨頭であった田中の面目を毀損《きそん》することは甚だしく、国内外の世論に与える影響も少なくなく、憂慮に限りない」（同前、一九二六年三月五日）と嘆いた。

田中義一を奏請

第一次若槻内閣は金融恐慌を誘発させ、資金繰りに困った台湾銀行を救済するための緊急勅令案を枢密院で否決されたため、総辞職にいたった。一九二七（昭和二）年四月一七日に若槻首相が閣僚の辞表を提出した後、牧野は、西園寺との協議の前に一木宮相、珍田侍従長、河井侍従次長と後継首相の選定につき協議した。牧野らは、憲政会に次ぐ衆議院第二党の政友会総裁、田中義一を後継首相候補としたうえ、西園寺の意見を求めた。西園寺も牧野の推薦する田中を推したため、同月二〇日、田中内閣が成立する。

牧野らが田中を推薦した理由は、「憲政の常道に依る」という点にあった（小山俊樹『憲政常道と政党政治』）。当時、牧野は、田中総裁や政友会に良い印象を持っていなかったが、「人心安定と秩序保持」を最優先する基準から、世論の求める憲政の常道の理論に従い、田中を後継首相に推したのである。ところが、田中内閣は、新帝の昭和天皇と牧野ら側近を悩ますようになる。

大正から昭和へ

一九二六（大正一五）年一二月二五日、大正天皇が亡くなった。その直前、牧野は摂政に来るべき日に備えた覚悟を促しつつ、河井秘書官長ら部下へ天皇の死にともなう諸儀式のことなどにつき調査を命じていた。大正天皇の死とともに、即日、摂政が践祚《せんそ》し（昭和天皇）、元号も昭和と改められた。「激動の昭和」と呼ばれる時代の到来は、牧野にとって人生でもっとも多難な時期となる。

第四　激務の内大臣時代

一　政党内閣制と牧野の関係

田中内閣への不安

一九二七（昭和二）年四月二〇日に成立した田中義一《たなかぎいち》内閣は、発足直後、高橋是清《たかはしこれきよ》蔵相の手腕によって金融恐慌を鎮静化させるなど、幸先のよいスタートをきった。ところが、六月一五日、天皇は牧野内大臣を呼び、田中内閣による官庁の人事異動が多すぎ、とくに、治安を担当する内務省幹部職の更迭が頻繁なのはいかがなものかと下問した。牧野は、元老西園寺とも相談のうえ、対処法を講ずる旨を答えるとともに、「官僚の人事異動が頻繁なのは、天皇の任免大権を軽視するもので恐縮のいたりである。ただ、天皇が大権の責任について自覚していることは国家や皇室のため喜ぶべきことで、従来からの側近者による聖徳培養の成果があらわれてきたあかしではないか」（『牧野日記』一九二七年六月一五日）と感じていた。

官吏異動への不快感

ここで重要なのは、牧野が田中内閣による人事異動を「大権の軽視」と受けとったことであり、翌一六日には、一木《いちき》宮相、珍田《ちんだ》侍従長とこの問題への対処を検討し、牧野グループの間で大権軽視の問題が共有されることとなった。なお、この時は、牧野が西園寺を訪ねた際に、西園寺から田中首相へ天皇の憂慮するところを伝えて注意するよう手配した。

吉田の批判

その後、七月八日には女婿の吉田茂（奉天総領事）が訪ねてきて、田中首相が兼任する外相の仕事が怠慢で、政友会の対中外交も大局にたった施策をとっていないなどと話し、政府の外交政策を批判した。組閣からわずか二ヵ月余りの間で、牧野は、田中内閣が内政、外交の両面で問題を抱えていると認識するにいたった。

普選への評価

一九二八年二月二〇日、田中内閣のもとで行われた第一六回衆議院議員総選挙は、普通選挙法制定後、初の男子普選であり、世間でも注目をあつめていた。内大臣という公人の立場にあった牧野は、岡山県から無所属で立候補した鶴見祐輔《つるみゆうすけ》（元官僚）など、リベラルな政治家が数多く当選した選挙結果に満足し、「やはり、日本の国民は信頼できる」（吉田健一「牧野伸顕　或る自由主義者の足跡」）と、秘かな歓喜の表情を孫の吉田健一にみせていたという。

利和の訪問

その初の普選前の二月八日、兄の利和《としなか》が相談のため牧野を訪ねてきた。利和の相談事とは大久保侯爵家の継承のことであり、「数年来、侯爵の責任を果たせないことに悩み、弟の利武への継承を何度か思い立ったものの、家督譲渡の手続きもよく分からず、利武に金銭面で負担をかけることなどを思い、時を過ごしてきたが、ようやく不動産や債券など金銭面での不都合がなくなったので、今回、ぜひ自分の希望を実現させたい」(『牧野日記』一九二八年二月八日)と、弟の利武への侯爵家の継承につき、牧野の賛同を求めた。

兄の配慮

利和が、まず、牧野に侯爵家の継承を相談した背景には、兄弟のなかで次男であるということと、本来ならば、次男の牧野が侯爵家を継ぐ身分であり、生後すぐに本人の意思と関係なく養子へ出されたため、大久保家の家督を継げない牧野の立場を配慮しての行動であったと思われる。

牧野の賛同

継嗣に恵まれなかった利和の心情を推し量り、牧野は、侯爵家の継承を決心した兄の姿勢に感激し、その希望する旨を了解しつつ、後日、改めて返事をすると約束した。それから一週間後の同月一五日付で、牧野は利武への侯爵家継承に賛同する旨を記した書簡を利和に送っている(口絵の写真。大久保利和宛牧野伸顕書簡、大久保利泰氏所蔵)。

大久保侯爵家の継承

利和と牧野の間で侯爵家継承の申し合わせがなされた後、継承者の利武をはじめ、利通の遺子に利和の決意が伝えられた。利武への家督相続と侯爵家継承に関する事務的な手続きを済ませたうえ、同年六月、利武が大久保家の家督と侯爵を引き継いだ。

利通の五十年忌

この間、一九二八年五月一四日は父利通の五十年忌にあたり、大久保家一同と親族は盛大な祭事を挙行した。さらに、鹿児島県出身者主催の追悼会も開かれ、東郷平八郎《とうごうへいはちろう》、上原勇作《うえはらゆうさく》らの陸海軍軍人をはじめ、多数が参列し、利通に関する研究に従事していた思想家徳富蘇峰《とくとみそほう》による講演も披露された。牧野は、近年の実証的な歴史研究によって利通の超越した偉業や高徳、人格などが一般に知れ渡るようになった状況に、「多年の悲願もかない、本望のいたりである」（『牧野日記』一九二八年五月一四日）と、満足するのであった。

優諚問題

選挙干渉の責任を負って辞任した鈴木喜三郎《すずききさぶろう》内相の後任ポストをめぐり、今度は天皇優諚《ゆうじょう》問題が発生する。田中首相が同郷の山口県出身で知り合いの久原房之助《くはらふさのすけ》を抜擢し、大臣にすえようとしたため、これに不満を抱いた水野錬太郎《みずのれんたろう》文相が、抗議のため辞表を提出するにいたった。

水野文相の辞表提出

天皇も、金銭問題などトラブルを抱える久原の入閣に反発しようとしたものの、首相批判にまでおよびかねない事態を憂慮した牧野の説得により、久原の入閣（逓相）を認め、水野へは留任の優諚を下すことで事を収めさせようとした。しかし、水野と田中がメディアに天皇の優諚による留任を宣伝してしまったことで、天皇に政治責任を転嫁する所業だと批判されてしまう。結局、水野は責任を負って文相を辞する。

田中の進退伺

さらに、この後、田中は、辞任する気がないにもかかわらず、五月二六日、天皇に進退伺を提出し、その却下によって事態を収拾させようと画策した。牧野は、側近首脳の協議によって田中の進退伺を却下させることにしたが、田中が外部にこの情報を漏らさないかを懸念した。実際、出所は不明だが、この一件は新聞各紙で報道され、世間からも田中への批判の声があがるようになる。

牧野をはじめとする牧野グループの側近首脳は、田中による政権運営を天皇の権威を利用し、皇室に責任をおよぼす危険な状況と認識するようになった。天皇の田中内閣への不信感は、田中首相への忠告や注意によってなだめようとしてきた牧野ら側近にも広がっていき、政府の施政全般を批判的にみるようになっていく。

張作霖爆殺事件

天皇や牧野ら側近が田中内閣への不信感を募らせていくなか、六月四日に張作霖《ちようさくりん》爆殺事件が発生する。事件発生時、牧野は京都に出張中であり、七日に帰京した。事件の発生については新聞号外も発せられており、牧野は京都の地でそれを知ったはずである。

また、張殺害の真相について、河井侍従次長が七日の日記に爆破の方法や犯人に疑うべき点があることを記しており、側近首脳の間でも事件の背後に何かあることをつかんでいた。

事件の真相を知る

牧野が張作霖事件の真相を知ったのは、六月二五日、後藤新平《ごとうしんぺい》（元内相）からもたらされた情報によってである。牧野は、後藤も主張するように、適当な善後策を講じる必要を感じたものの、政府に事実を確認したうえで対策を考慮するよりほかないと述べた（同前、一九二八年六月二五日）。

田中が決意を上奏

次にこの問題が展開するのは、その年の年末、一二月二四日に田中首相が天皇に張作霖事件への対応を上奏してからであった。この間、事件の内実を知った田中が真相の公表と事件に関与した陸軍軍人への厳重処罰を決意し、主要閣僚や西園寺にもその意思を伝えたうえ、天皇に現在調査中だと前置きしつつも、同様の趣旨を上奏したことが明らかとなっている（永井和『青年君主昭和天皇と元老西園寺公望』、伊藤之雄『昭和天皇と立憲君主制の崩壊』）。

田中の変化

同日、牧野も田中から上奏内容を知らされ、側近首脳間でこの問題を含む対応を協議した。ところが、天皇への上奏後、田中の事件への対応が変化していく。陸軍の白川義《しらかわよし》則《のり》陸相をはじめ、ほかの閣僚からも真相公表と厳重処罰への反対論が噴出したため、田中が事件の対応を白川に一任してしまうのであった。牧野や珍田侍従長のもとには、陸軍内部の「ウヤムヤに葬りさろうとする空気の充満している」（『牧野日記』一九二九年一月一〇日）ことや、白川陸相もその方向で処理しようとしている情報が伝わってきていた。

珍田侍従長の急死

側近首脳が田中内閣の施政を注視していた矢先の一九二九（昭和四）年一月一六日、珍田侍従長が脳出血により急死してしまう。牧野は、急ぎ一木宮相と珍田への待遇とともに、後任人事について協議した。一木は斎藤実《さいとうまこと》（枢密顧問官）を候補にあげたものの、牧野の意中の人物は、海軍軍令部長の鈴木貫太郎《すずきかんたろう》であった。一九二七年一〇月の海軍大演習（横浜沖）に供奉した牧野は、陸軍と比較して海軍軍人の見識の広さに感じ入るとともに、とくに、軍令部長を務めていた鈴木について、徳望がすぐれ信頼できる人物だと評価し、その時から側近候補として考慮していたようだった。

鈴木貫太郎の侍従長就任

結局、後任の侍従長には、西園寺の了解を得たうえで牧野の推す鈴木が就任することになった（一月二九日に就任）。気心の知れた珍田を失ってしまったが、牧野は鈴木貫太郎という信頼できる後任を得て、「君側の忠として、この人を得ることができて非常に心強く、近年、宮中の重職の人選として先ず理想的である」（『牧野日記』一九二九年一月二一

牧野グループへ

鈴木貫太郎

日）と自讃するほどであった。

侍従長に就任した鈴木は、天皇や河井侍従次長から政局の現状、とくに張作霖問題を中心とする重要事項を聴取し、いち早く牧野や一木宮相らと問題点を共有した。鈴木も珍田と同様、「牧野グループ」のメンバーとして、輔弼への心構えや政治思想を共有していったのである。

張作霖問題の経過

前年末の天皇への上奏後、田中は張作霖問題について調査中であることを理由に、内閣の方針をなかなか上奏しなかった。しかし、二月二日に牧野が河井侍従次長から伝えられたところでは、田中が「この問題で内閣が責任をとることはない」という趣旨を天皇に話していたことが明らかとなった。この時点で、牧野は、「いかなる事情でこのような重要なことを軽々と天皇に言上したのか不明だが、いまだ調査中にもかかわらず、先走ったことを申し上げるのは奇怪で、恐れ多いことだ」（同前、一九二九年二月二日）という心境を日記に書きとめている。牧野ら側近首脳は、田中が自身の責任を回避するような形で幕引きをはかろうとしていることを察知していたのであった。

天皇の田中への不信

これ以後も、天皇の田中首相への不信感は増すばかりであり、牧野に田中とどう対応していくかにつき意見を求めるほどであった。天皇による田中不信の最たる理由は、首相の言上に変節が多いことであった。天皇は、一九二九年二月末の時点で、行政府をあずかる首相として、田中の言葉を信じることができなくなっていたのである。

牧野は、天皇の田中不信につき、鈴木侍従長や河井侍従次長と協議したものの、側近では対処できない重要問題だとして、西園寺に相談することとし、岡部秘書官長を遣わした。西園寺は、天皇の憂慮する点につき、大臣の報告を窮屈がらず、相談にのるという心持ちで同情心を持って接していただかねばならないと諭すのみであった（尚友倶楽部編『岡部長景日記』、一九二九年三月五日）。

田中の変節を確信

三月二七日、牧野は原田熊雄《はらだくまお》（西園寺の私設秘書）のもたらした情報により、白川陸相が陸軍としての事件処理方針を天皇に上奏し、その内容が昨年末に珍田とともに田中首相から聞いた決心（真相公表と厳重処罰）と大きく異なることを知った。そして、四月三日、田中から陸軍内部での処分に済ますことに決したという意見を聞いた牧野は、田中の変節に呆然自失の状態となるのであった。その他、田中の政権至上主義の施策ぶりに、牧野は、「首相たる資格を欠くだけでなく、天皇を軽視するというよりほかない」(『牧野日記』一九二九年四月三日)と、田中を完全に見限るようになった。

天皇による田中不信任案

天皇も田中首相の変節に憤り、張作霖問題で昨年末の上奏と異なる処置方を伝えてきた場合、責任をとらせたいと希望するようになった。天皇の並々ならぬ決意を知った牧野は、西園寺にその是非を相談したところ、政権崩壊後の天皇と陸軍との関係につき天皇の聖徳に傷がつかないよう注意を促されたものの、不信任の表明自体には賛同した、と受けとった。ところが、西園寺のこの曖昧な姿勢が、後に騒動を起こすこととなる。

西園寺との最終確認

六月二五日、天皇や側近首脳の間で自身への厳しい処置を計画していることなど露知らない田中首相が、同二七日に張作霖問題の最終処分につき上奏したいと申し出てきた。牧野は、天皇による不信任表明についての最終確認のため、西園寺を訪ねた。ところが、西園寺はこの最終段階になって、天皇による首相への不信任は明治時代から前例がなく、首相の進退を決することになるという理由から、反対論を唱えたのである。牧野は、前回の会見時に西園寺から了承を得ていたものと考えていただけに、最終段階での西園寺の反論に驚愕した。

牧野の強行論

これまでの付き合いで、西園寺に反論したことのない牧野であったが、今回は西園寺に再考を求めて食い下がった。しかし、西園寺も意見を覆すことはなかった。牧野は、政界周辺でも天皇を軽視した田中の政権運営に異を唱える声があり、党弊の甚だしい現状と天皇の聖徳を輔弼責任者が傷つけるような状態を見過ごすことはできないとし、天皇の不信任表明もやむなしと決意して、西園寺邸を辞去した。牧野が、西園寺との間でここまで意見の不一致を生じたのは、三〇年余りの交際でいまだかつてないことであった（同前、一九二九年六月二五日）。

ただし、牧野ら側近首脳は、西園寺の反対も考慮し、最終的に、田中の上奏時における天皇の対応につき、不信任の表明ではなく、前回の上奏と矛盾することを指摘して上奏を許可せずに留保するということを申し合わせ、これを天皇に伝えた。

天皇の叱責

はたして、六月二七日、田中首相が張作霖問題の最終処分につき、天皇に上奏した。田中が前年末の上奏を覆すように、事件関係者への軽い処分を上奏したため、天皇は、牧野らの助言どおり、前回の上奏との矛盾を指摘して首相の説明を打ち切った。天皇の前から引き下がった田中は、恐縮していたものの、天皇の怒りの原因を陸軍の不十分な説明に求めようとしたため、翌二八日に鈴木侍従長が田中を皇居に呼び出し、天皇の真意（事実上の不信任）を伝達して、田中も総辞職を決意するのであった（黒沢文貴「昭和天皇の二度にわたる田中首相叱責と鈴木貫太郎」『日本歴史』第七六五号、二〇一二年）。

田中の急死

内閣総辞職から間もない同年九月二九日、失意のうち、田中は持病の狭心症を発症させ急死した。牧野は、翌日に田中邸を訪れて弔辞を述べたものの、同日の日記に、「一種の特長を備えてはいたが、政治家の素養を全く欠いていた」（『牧野日記』一九二九年九月三〇日）と、珍しく厳しい言葉を残している。牧野がいかに「政治家田中義一」をみていたか、看取できよう。

田中への叱責について

牧野が天皇による田中首相への叱責を支持し、結果的に内閣総辞職にいたらしめた背景について、今少し検討してみたい。「石橋を叩いて渡らない」と評されるほど慎重な牧野は、田中による政権運営に不満を募らせていく若い天皇をなだめつつ、自身や珍田侍従長、そして、より機微な場合には西園寺から田中に注意をあたえることで、適切な施政を促そうと努めていた。しかしながら、田中は天皇や元老、側近の忠告に耳を傾けず、政権政党としての権力維持に固執するのみであった。

政党政治と昭和天皇

天皇や牧野ら側近にとって不運だったのは、確立しかけた政党政治の負の面が噴出する状況になってきた時期と、若い昭和天皇の登場とがかぶってしまったことである。政権奪取を最優先とする二大政党は、皇室や天皇をも利用し、相手を攻撃するようになっていた。

田中は、政権維持のため、天皇の言葉や大権を恣意的に解釈し、天皇を政治利用しようとした。田中が政友会総裁の就任挨拶に訪ねてきた際、牧野は、政党党首としての責任の重さや大局に着眼する必要性などを助言していたが、首相就任後の田中について、首相として輔弼の責任をはたさないどころか、皇室の尊厳を傷つけるようなことを平気で犯す人物とみなすようになった。

一木宮相の法学的見解

また、田中首相への叱責については、牧野のみの助言で実行したわけでなく、牧野グループによる周密な協議と西園寺への二度にわたる最終確認で実行している。なかでも、法学者出身の一木宮相が、「政府が非立憲的な態度をとるような異常時には、天皇の任免大権の行使もやむなし」(『岡部長景日記』一九二九年六月二七日)と、叱責を承認したことで、牧野は田中への不信任表明を憲法上問題なしと認識するにいたったはずである(古川隆久『昭和天皇』)。

安堵と反動

田中内閣の施政に悩まされてきた牧野ら側近首脳は、内閣総辞職に満足し、その苦労の報われたことを互いに慰めあった。しかし、その反動はすぐにあらわれ、政友会や民間右翼から側近の政治介入を批判する声があがるようになる。

対照的な浜口内閣評

一九二九（昭和四）年七月二日に総辞職した田中内閣に代わり、同日、民政党の浜口《はまぐち》雄《お》幸《さち》内閣が成立した。今回も西園寺と牧野は、「憲政の常道」論にもとづき、民政党に政権を委ねたのである。即日、組閣を完了させた浜口首相が天皇に閣僚名簿を提出すると、天皇は牧野を呼び、「名簿を見ろ、良い顔ぶれだ」と、満足の様子であった。以前から浜口の能力を評価していた牧野も、内閣に好印象を持った（『牧野日記』一九二九年七月二日）。

二大政策への支持

浜口内閣は、緊縮財政と協調外交を二大政策にすえた。牧野は、政府の二大政策を支持し、宮中でもこれに呼応しようと努めた。そのため、牧野は、天皇の望む皇室費削減や新御用邸の工事着工の延期に同意し、皇室が率先して国民救済の範を垂れるよう主張した。宮相時代から皇室と国民との関係を重視し、社会事業への積極的な取り組みを奨励してきた牧野にとって、皇室の「仁慈」を施し、不況に苦しむ民衆を救済することは、皇室の安泰にも寄与する重要な措置であった。

緊縮政策に呼応

浜口内閣による緊縮財政のもと、世界恐慌と金解禁の影響で不況が深刻化し、失業者の増大や労働運動の激化といった社会問題が顕在化してくると、牧野は、皇室や宮中も何らかの措置を講じなければならないと思いいたった。皇室費の削減（ただし実行はされていない）や御用邸工事の中止、宮内官僚の減俸などは、その一例である。

労働問題にも関心

牧野の労働問題への基本理念は、「秩序保持」を最優先し、労働者を過激な共産勢力から隔離して、穏健な社会集団として体制の枠内にとどめておくべきという点にあった。そのため、牧野は、労資協調を望むとともに、労働組合法の制定など、労働者への一定の権利付与に賛同する姿勢であった（拙稿「宮中勢力による社会経済問題への対応」）。

ロンドン条約への期待

また、協調外交についても、牧野は好意的であった。浜口内閣は来るべきロンドン海軍軍縮会議につき、軍縮条約の成立を期して臨んでおり、天皇や元老西園寺、そして牧野ら側近首脳も、浜口内閣の外交政策を支持していた。

軍令部の三大原則

いっぽう、当事者の海軍は、作戦用兵を担当する軍令部を中心に、国防にとって必要最低限の艦船を維持すべきという理由から、巡洋艦や駆逐艦、潜水艦の保有率や保有量について三大原則にまとめ、その絶対死守を要求し、閣議での決定事項とさせていた。

妥協案をめぐる攻防

ロンドンにおける軍縮会議は、日英米間で妥協案がまとまり、若槻礼次郎《わかつきれいじろう》ら全権団は政府に妥協案受け入れの是非を請訓してきた。妥協案は三大原則の数値をわずかに満たしていなかったが、政府にとって満足すべき内容であり、これを受諾すべきと考えていた。しかし、海軍では、財部彪《たからべたけし》海相以下の海軍省は妥協案に賛同したものの、軍令部や東郷平八郎（元帥）、伏見宮博恭王《ふしみのみやひろやすおう》（軍事参議官）らの長老が強く反対した。

軍令部の帷幄上奏計画

この間、牧野と鈴木侍従長は加藤寛治《かとうひろはる》軍令部長（鈴木の後任にあたる）と会見しているが、加藤は両者との会見につき、「軟化の甚だしさに驚く、君側のためにならない人物」（伊藤隆ほか編『続・現代史資料五　加藤寛治日記』みすず書房、一九九四年、一九三〇年三月二三日）と述べており、牧野と鈴木が条約成立に向けて妥協案の受け入れを示唆したものと思われる。加藤をはじめ、軍令部では、政府による妥協案受諾の回訓案を天皇に上奏する前に、これに反対する意見を帷幄《いあく》上奏（軍事に関する事項につき、統帥部が行政府や立法府を通さずに直接、天皇に伝えること）によって天皇へ伝達しようと計画した。

鈴木侍従長の帷幄上奏阻止

ただ、ここで条約成立を望む鈴木侍従長が越権的な個人プレーを起こしてしまう。軍令部側の動きを察知した鈴木は、三月二九日に加藤と会った際に、帷幄上奏を早まらないよう望む旨を伝達して、加藤の行動に釘をさした。そして、三月三一日と四月一日の二度にわたり、加藤の帷幄上奏を延期させたのである。これには、本来の取り次ぎ役である奈良武次《ならたけじ》侍従武官長も、鈴木による帷幄上奏への関与を管轄外で不穏当の処置とみなし、批判している。結局、加藤の帷幄上奏は翌二日に行われたものの、すでに、前日の浜口首相の上奏によって、妥協案を受諾する回訓が認可された後であった。

牧野の対応

なお、鈴木侍従長による帷幄上奏阻止の動きに、牧野は関与していなかった。三月末に原田熊雄が鈴木と会い、鈴木が「これはどうしてもまとめなければならない」と述べ、加藤軍令部長を説得したいと語った際や、その数日後に、同じく原田と鈴木の間の会話で、鈴木が伏見宮へ慎重な対応を要請したことを語った時も、牧野は同席していない。さらに、鈴木の積極的なまでの介入を心配した原田が、牧野に鈴木の行動を伝えたところ、牧野も同様に鈴木のことを心配していたほどであった（『西園寺公と政局』一、三二～三五頁）。

また、後日、条約反対派の巨頭となっていた東郷を抑えこむため、財部海相が天皇から特別の聖旨を伝える案の実行を牧野に諮ったところ、牧野は財部の努力が足りないと答え、天皇の権威を利用した安易な策に賛同しなかった（拙著『昭和戦前期の宮中勢力と政治』）。

デマの成り立ち

ところが、牧野も鈴木とともに帷幄上奏阻止にかかわったというデマが形成され、早くも四月中旬には側近の耳にまで達していた。その後、牧野を悩ます帷幄上奏阻止のデマは、内大臣を辞任するまではもとより、辞任後も右翼や軍部関係者から唱えられることとなる。

帷幄上奏阻止のデマの成り立ちは、当事者である加藤軍令部長の誤解から生じたものと考えられる。四月一〇日前後、原田熊雄に会った加藤は、「牧野が私見をさしはさんでいろいろと行動していた事実をみても憂心にたえない」(『西園寺公と政局』一、四〇頁)と非難している。加藤は、三月二三日に牧野と鈴木に会い、軍縮条約の成立を望む意見を聞いているので、鈴木による帷幄上奏阻止の背後に牧野の意図ありと勝手に思いこんでいたのであろう。すでにこの時点で、牧野が加藤の帷幄上奏を阻止したというデマが軍部周辺や右翼に流れていた。

この後、加藤は六月一日に右翼の橋本徹馬《はしもとてつま》へ鈴木との会見内容を伝えているので、ここでも牧野のことに言及していたはずである。さらに、五・一五事件の被告を裁く軍法会議に証拠文書として提出された「加藤前軍令部長手記複写」の六月八日の記述には(河井の日記では九日)、一木宮相と牧野の意思にもとづき、河井侍従次長が伏見宮を訪ね、皇族として政治問題に介入しないよう注意したと記されていることから(『検察秘録五・一五事件』三、七六六頁)、牧野は、帷幄上奏阻止だけでなく、条約反対派を抑えこんだ張本人として、認識されるにいたった。

これらの誤解にもとづく情報を鵜呑みにした橋本は、経営する右翼団体の発行紙に、牧野による帷幄上奏阻止の記事を載せ、これ以降、牧野が帷幄上奏阻止に関与したというデマが右翼の間で通説として広まっていくのであった。

統帥権干犯問題

政友会は政権与党の民政党を批判するため、ロンドン条約調印にいたる政府と軍令部との対立を利用し、政府による軍縮条約の調印は統帥権《とうすいけん》を犯す行為だと主張して、議会上で強く批判する行動にでた。

統帥権の調査を下命

統帥権干犯問題が世間を騒がせはじめた頃、牧野は内大臣府の下僚に統帥権や編制大権の管轄につき、調査を命じていた。その復命書には、編制大権について、「伊藤博文は国務の範疇にみなしていたようだが、現状では、陸軍が参謀本部の管轄、海軍は海軍省の管轄と分れており、統帥権の範疇の判断は困難だ」(「牧野伸顕文書」C九五)と結論づけられている。この調査結果をみた牧野は、浜口内閣の施政を支持していたこともあり、編制大権を国務の管轄事項と認識していたはずである。

枢密院での攻防

ロンドン条約は一九三〇(昭和五)年四月二二日に調印された後、批准のため枢密院で審査を受けることとなった。牧野は、ここでも浜口内閣の姿勢を支持していく。政府と枢密院との対立の焦点は、枢密院側の要求する軍令部から天皇への奉答書写しの回付をめぐる点にあった。浜口内閣は、奉答書が批准に反対する根拠として利用されないかを懸念し、枢密院側への奉答書の回付を拒否した。

これに対し、牧野は、帷幄上奏として提出された軍令部の奉答書の扱いにつき、いくら写しとはいえ、政府から枢密院へ回付することは、統帥権の独立の慣例からも好ましくないと考えていた（『牧野日記』一九三〇年八月一三日）。牧野は、枢密院側の審査態度についても、初めから反対ありきで動いていると不快感を抱いており、この点も、政府側を支持する根拠となっていた。

政府の強硬姿勢を支持

浜口首相以下、政府は枢密院との全面対決に備え、ロンドン条約の批准を否決されるような場合には、枢密院首脳や批判的な顧問官の罷免を上奏する覚悟であり、この強硬措置を西園寺や牧野に伝達してきた。牧野は、政府の姿勢につき、「甚だ心強き感あり」「内閣の決心は近来の勇断なり」（同前、一九三〇年九月一三日）と述べ、これを支持していた。枢密院側は、浜口内閣の強硬姿勢をみて態度を軟化させ、結局、条約の批准を認めることとなった。これにより、ロンドン条約は一〇月二日に批准される。

「勝利」の代償

ロンドン条約問題は、浜口内閣の「勝利」に終わった。しかしながら、その反動により、浜口内閣や政府を支持する側近への批判が軍部や右翼勢力から起こりはじめ、牧野も、帷幄上奏阻止問題で執拗な攻撃にさらされていくことになるのであった。

内大臣秘書官長の交代

この頃、貴族院入りすることになった岡部長景《おかべながかげ》に代わり、一九三〇年一〇月二八日に木戸幸一《きどこういち》（商工官僚）が内大臣秘書官長に就任した。木戸は、前任の岡部や友人の近衛文麿《このえふみまろ》（貴族院議員）に推薦されて牧野と面会し、牧野に「いかにも幅の広い考え方をされるリベラルな方」（木戸日記研究会編『木戸幸一関係文書』九九頁）という印象を抱き、秘書官長への就任を決意したのであった。

木戸の存在

その後、木戸は、従来までの秘書官長のように内大臣のための情報収集、情報処理という役割をこなしつつ、激動する時代に合わせ、近衛や原田熊雄とともに、若い華族世代の時局観を元老や側近首脳の考えに反映させる影響力をも身につけていくのであった。

浜口内閣の総辞職

ロンドン条約を成立させた浜口内閣であったが、一一月一四日に浜口首相が狙撃されて重傷を負い、その後、無理に登院したことがもとで体調を悪化させて再入院したため、ついに、一九三一年四月一三日に内閣総辞職となった。

第二次若槻内閣を奏請

総辞職の直前、牧野と西園寺は後継首相について、浜口内閣による財政政策の継続を担える者を適当とするという意見で一致し、浜口の後任として民政党総裁の座に就いた若槻礼次郎を再登板させた。四月一四日、第二次若槻内閣が成立し、前内閣の協調外交と緊縮財政の看板政策を継承した。しかし、内にあっては昭和恐慌が深刻化し、外にあっては満蒙問題に関する不穏な動きが計画されつつあり、政党政治への不満が鬱積した状況のもと、若槻内閣は不安を抱えた船出となった。

二　満州事変の衝撃

柳条湖事件

一九三一（昭和六）年九月一八日に発生した柳条湖《りゅうじょうこ》事件の情報は、翌一九日、木戸秘書官長からの電話連絡にて鎌倉にいる牧野へ伝えられた。関東軍の入念な謀略計画による行為であることを知らない牧野は、まったく突然のことに驚き、すぐに上京して内大臣府に出仕した。牧野は、天皇に事件を報告するために参内していた若槻首相と面会し、事件に対する不拡大方針を閣議決定したと伝えられた。

陸軍の行動への疑念

同二一日、牧野、一木宮相、鈴木侍従長ら側近首脳が集まり、奈良侍従武官長を呼んで柳条湖事件の現状と今後の見通しにつき意見を聴取した。奈良は、関東軍によるこれ以上の軍事行動は起こらず、中国軍の抵抗もないだろうという自身の予測を語ったが、牧野は、「満州」で軍事行動を起こした陸軍の行動に疑念を抱いていた。この協議の後、牧野は天皇に拝謁し、軍紀粛正を求めた陸海相への注意を元帥陸軍大将の閑院宮載仁《かんいんのみやことひと》親王《しんのう》にも伝えること、若槻首相へ閣議決定した不拡大方針を徹底するよう伝達することを命じられ、それを了承した。

独断越境問題

ところが、この直後、牧野は木戸から朝鮮軍が天皇の命令を待たずに独断で国境を越えて「満州」へ進軍した事実と、この件で参内してくる金谷範三《かなやはんぞう》参謀総長や南次郎《みなみじろう》陸相への処置につき、西園寺からの注意を伝えられた。西園寺の注意とは、陸軍側から独断越境に関する上奏があった場合、すぐに許可せず、保留させた後に適当な措置をとるようにという内容であった。

井上蔵相を激励

木戸と相前後し、井上準之助《いのうえじゅんのすけ》蔵相も牧野を訪ね、閣議で不拡大方針を決定しても、南陸相が部下に突き上げられて軍内を統制できなくなっている状況や、閣議の不拡大方針が現地で拡大する軍事行動と矛盾し、国際関係上、幣原《しではら》外相が大いに苦労していることなどを伝えた。牧野は、政府の不拡大方針を支持する旨を井上に伝え、奮闘を促した。

牧野の対応について

西園寺から注意を促されたにもかかわらず、その後、牧野は独断越境問題について、天皇に進言して対策を講ずる措置をとらなかった。この点につき、研究者の間で牧野の姿勢を批判的に解釈する意見もある。

しかし、牧野は、九月二一日に天皇と陸軍への措置や若槻内閣の不拡大方針を支持することを確認し合っており、また、翌二二日には、独断越境問題と陸軍から増兵許可を求めている件につき、奈良侍従武官長が増兵許可を留保している状況を伝えられている。牧野は、内大臣として国務に関する範囲の処置を施したうえ、独断越境や増兵問題は統帥権にかかわる事項で、自身の管轄外の事案だと判断し、対応を奈良に任せたのではないだろうか。

越境の追認

結局、朝鮮軍による独断越境問題は、九月二二日の午後に若槻内閣が朝鮮軍増兵の経費支出を認め、天皇も金谷参謀総長に「今回は仕方ないが、将来は充分に注意せよ」（波多野澄雄ほか編『侍従武官長奈良武次日記・回顧録』三、柏書房、二〇〇〇年、一九三一年九月二二日）と注意しただけで、越境を追認してしまった。これにより、陸軍刑法で重罪に相当する軍紀違反行為は、一切の処分を下されることなく、現地の関東軍や朝鮮軍の行動にも、大元帥と政府からのお墨付きをあたえられたのであった。

統帥事項の処理法

今回の牧野の態度は、越境を認めるなと助言した西園寺と比較すると、統帥事項への対応として不徹底に終始した感は否めない。しかし、だからといって、牧野の輔弼姿勢を批判するのも酷なように思われる。牧野の政治経歴からみて、国務に関する知識は十分に持ち合わせていたであろうが、統帥事項は専門外であり、ロンドン条約問題の際にも統帥権の範囲について調査させているほどである。
とくに、満州事変以降、軍部の台頭と政治への介入の度合いは日々増していく状況であり、牧野ら側近首脳がとまどうのも無理のない話である。もちろん、牧野も専門外、かつ管轄外の統帥問題とはいえ、奈良侍従武官長などを介し、満州事変以降の軍事行動について知りえる情報の収集に努め、天皇からの下問に備えていた。

内大臣と統帥問題

牧野より以前の内大臣は、ほとんど統帥事項を処理する必要がなかったか、または、桂や大山のように、元老や陸軍大将として統帥問題に関与することができた。満州事変は、日本の行く末に影響をあたえただけでなく、内大臣の職務をも変化させたのである。それまで統帥事項に接してこなかった牧野が対応に苦慮したのも当然であった。
この点につき、奈良侍従武官長を訪ねてきた退役軍人が、「牧野内大臣は軍事のことに理解が乏しいのではないか」と問うと、奈良も「そのとおりだ」と答えている（同前、一九三二年一月四日）。

十月事件

満州事変の処理に奔走するなか、今度は陸軍内部でのクーデター計画の情報が宮中に伝えられた。牧野は、軍部内に不穏な動きのあることを諸方面からの情報で察知し、万一の事態を心配して、天皇の外出を中止させるなどの措置をとるとともに、国内外で軍部主導の逸脱行為が頻発する状況下、元老西園寺の手腕に期待しようとした。

西園寺の介入に期待

満州事変の勃発以降、牧野は、以前と比べて内大臣府に出勤する日数が増えてきていたものの、それでも、政界周辺では、非常時にもかかわらず、牧野が鎌倉の自宅で悠々と過ごしているという批判の声もあがっていた。

満州事変後、事態を憂慮する天皇の不安を解消すべく、牧野は何度も西園寺の上京を促している。牧野や若槻首相による執拗な要請により、西園寺も上京し、牧野と善後策を協議したうえ、天皇を慰めるため拝謁した。西園寺と会見した牧野は、若槻首相の頼りない態度を憂慮し、協力内閣のような強力な内閣を希望する旨を伝えている。

協力内閣を支持

小山俊樹氏が指摘するように、この後、牧野は民政党と政友会の協力内閣構想を支持し、西園寺の積極的な斡旋を期待した。西園寺も、若槻と犬養の両党首が自発的に連立政権を希望すれば協力内閣を奏請するつもりでいたが、両者ともに党内の事情から協力内閣を否定するようになったため、若槻内閣の総辞職後、政友会の単独内閣として、犬《いぬ》養毅《かいつよし》を後継首相に推すのであった。満州事変後における政権構想のなかで、牧野と西園寺との間には、軍部統制を実現するための手法につき、意見の食い違いが生じはじめてきたのである（小山俊樹『憲政常道と政党政治』）。

内大臣としての限界

牧野の耳には、知人や関屋宮内次官らを通じ、満州事変後の対応に苦慮する若槻内閣への不満と、政界の動揺を静めて人心を安定させるため、西園寺と牧野の奮起を求める声が届けられており、天皇からも同様の処置を求められていた（以上『牧野日記』より）。

しかし、牧野は、内大臣を天皇に「常侍輔弼」する宮内官僚にすぎないと認識しており、終身顧問である元老のように、各界に指示を与え、国家意思を調整する権限などないと考えていた。しかも、ロンドン条約問題以降、帷幄上奏阻止などを取り上げる側近批判が巻き起こったため、みずからが積極的に政局に介入することを控え、西園寺にその役割を担わせようとしていたのである。

久しぶりの帰省

満州事変や十月事件が天皇や牧野ら側近を悩ませていた一九三一年一一月、天皇は熊本県で行われた陸軍大演習を観閲するため同地へ行幸し、牧野もこれに供奉した。熊本での演習終了後、天皇と供奉員一行は、一一月一九日、隣県の鹿児島へ入った。牧野にとっても久しぶりの故郷入りであった。

様変わりした故郷

天皇に随行して鹿児島市街を回った牧野は、市街地の様子が一変し、幼少期を記憶させる所が鹿児島城のあった城山と自宅付近を流れていた甲突川《こうつきがわ》のみで、まるでほかの場所にきたようだと述懐している。さらに、上京する直前まで居住していた新照院付近の

新照院町を流れる現在の甲突川（著者撮影）

町並みについても、「変化が最も著しく、父と過ごした旧宅跡に国道が通り、樹木も切り倒されて小店舗が立ち並び、殺風景なこと極まりない」（『牧野日記』一九三二年一一月一九日）と、寂しい思いに浸った。すでに、幼少期に牧野が慣れ親しんだ地の面影はなくなっていたのである。

「満州」での独立国家建設をもくろむ関東軍の謀略によって引き起こされた第一次上海事変は、列強の権益が集中する地域での戦闘ということもあり、英米らを強く刺激した。天皇の憂慮も満州事変時の比ではなく、かなり神経質になっていた。天皇は、犬養内閣による処置に満足せず、一九三二年二月五日には、牧野に御前会議開催の件を下問した。この時は、犬養首相が事態鎮静化の見込みを上奏したため、天皇も御前会議召集を中止させている。

御前会議をめぐる見解の相違

天皇から御前会議召集の希望が発せられたことで、牧野ら側近は、御前会議の形式や人選を協議することになった。この時、牧野は、従来までの持論にもとづき、元老や重臣を中心とした重臣会議を想定していたのに対し、一木宮相や鈴木侍従長らは、国務大臣を中心とする閣議に天皇を出席させる形式を主張したため、側近の間で意見の一致をみることができなかった（拙著『昭和戦前期の宮中勢力と政治』）。

重臣起用の提言

満州事変以降、軍部の統制に苦しむ若槻内閣や犬養内閣の対応をみるにつけ、牧野は、持論である天皇を支える任に足る人物を結集させ、時局の鎮静化をはかろうと考えていたのである。

木戸の反対論

しかし、牧野の元老・重臣を政局に介入させる構想は、牧野グループ内で賛同をえられず、また、西園寺や木戸も反対であった。木戸は、牧野から御前会議召集に関して意見を求められた際に、「いたずらに老人達を会合せしめてお祭り騒ぎをすれば、かえって人心を悪化させます」（『木戸幸一日記』上、一九三二年二月一七日）と答えている。

側近改革案

上海事変の対応に追われるなか、木戸や近衛文麿らは、政界周辺や軍部内において宮中改革論が叫ばれていることを知り、その概要を牧野に伝えた。そこでは、内大臣の地位の重要性からもたらされる猟官運動を避けるため、皇族を内大臣にすえ、その補佐役として牧野や一木、平沼騏一郎《ひらぬまきいちろう》（枢密院副議長）らを御用掛に配置する案が語られていた。この提案に、牧野も側近攻撃の空気を転換させるための一案だと、好意的に受けとった（同前、一九三二年二月二三日）。しかし、西園寺が国家主義勢力に妥協するような側近改革に反対したため、この案も真剣に検討されることはなかった。

三　軍部の台頭と側近批判

五・一五事件

一九三二（昭和七）年五月一五日に発生した五・一五事件は、犬養毅首相が首相官邸で殺害されるという前代未聞の衝撃から、現代でもよく知られている。ただし、この五・一五事件で内大臣の牧野も犬養と同じ運命をたどっていたかもしれないということは、あまり知られていない。以下、事件に関する裁判資料から、当日の経過を追っていく。

牧野襲撃計画

五・一五事件の首謀者である古賀清志《こがきよし》（海軍中尉）は、当初から、襲撃対象として犬養と牧野の名をあげており、この二人の殺害は襲撃隊の間で共有されていた。計画では、三上卓《みかみたく》（海軍中尉）率いる第一組は首相官邸の犬養を、古賀の率いる第二組は内大臣官邸の牧野を襲撃することになっていた（このほか、第三組、第四組あり）。

襲撃計画の変更

第一組の三上らは、当初の計画どおり、首相官邸に乗りこんで犬養を射殺した。いっぽう、第二組の古賀隊は、午後五時二四分頃、内大臣官邸に車で乗りつけ、古賀と池松《いけまつ》武志《たけし》（元陸軍士官学校生）の二名が降車し、それぞれ門外から手榴弾を邸内に投げこみ、うち古賀の投じた一発が玄関前で爆発しただけで、そのまま次の襲撃対象である警視庁に向かった（古賀清志の証言、原秀男ほか編『検察秘録五・一五事件』三、一二八〜一三二頁）。

古賀隊の内大臣襲撃計画について、邸内侵入、牧野殺害という当初の計画を変更した理由は、指揮者の古賀の一存であった。古賀がいうには、当日の牧野の在宅が未確定であったこと、その後に計画していた警視庁襲撃の方を重視し、内大臣官邸襲撃に時間をかけたくなかったことを理由にあげ、「牧野邸へは手榴弾を投込む程度」の「威嚇」行為にとどめることにしたという。

威嚇行為にとどまる

古賀は、内大臣官邸襲撃計画の変更につき、五月一三日夜から翌一四日朝にかけて決心したが、ほとんどの同志にはこの旨を伝えなかった。襲撃の直前、重大な変更点を古賀から伝えられた池松は、「牧野の家には這入らないのですか」と尋ねたものの、古賀から変更の理由を説明されると、「異議を申す者もなく、一同賛成」した。こうして、内大臣官邸へは、手榴弾投下という「威嚇」行為だけにとどまり、内大臣官邸の護衛についていた警視庁三田署の巡査が、門前で古賀に撃たれて負傷しただけの被害ですんだのである（以上『検察秘録五・一五事件』一・三より）。

邸内の牧野

古賀隊の襲撃をうけた時、牧野は、邸内で来客中の松方正作《まつかたしょうさく》（正義の次男）と囲碁に興じていた。牧野は、「パンクには少し強すぎると感じた」異様の音を聞いたものの、対局を続けていた。そこへ、孫の伸和《のぶかず》が駆けつけ、玄関前での爆発と煙が前庭に立ちこめていることを知らせ、ようやく、牧野も重大事の発生に気づいたほどであった（『牧野日記』一九三二年五月一五日）。

重臣らへの意見聴取

五・一五事件という非常事態をうけ、牧野は後継首班奏請の形式について、これまでの元老と内大臣による協議方式ではなく、政界や軍部の意向も探るため、陸海軍元帥と重臣からも意見を聴取するよう、西園寺に求めた。

従来、牧野は、天皇を補佐するため有力な重臣の重用を主張してきており、満州事変以後も元老による政治介入や枢密院改革に賛同するなど、権威を持つ者による政治介入に期待するような言動をみせていた。今回の非常時をうけ、牧野は、元老をはじめ、元帥や重臣を総出動させ、これら権威者の一致によって強力な指導力を持つ内閣の出現を希望するにいたったと考えられる。

斎藤内閣の成立

西園寺は政界周辺の情報をもとに、政党内閣制の継続をあきらめ、後継首相に退役した海軍軍人の斎藤実を奏請した。斎藤内閣の外交課題は、何といっても満州問題とこれに付随する国際連盟での審議への対処であった。

牧野の「満州国」観

天皇と牧野は、内閣や陸軍中央の統制に服さない陸軍出先の行動を危惧していたものの、「満州国」の処理にあたり、国際法の枠内で処理できないかを模索し、最悪でも英米の了解が得られる範囲での解決をめざしていた。牧野は、国際連盟を軸とした協調外交ではなく、英米との協調外交を軸とした外交路線を志向しており、東アジアの情勢認識に疎いヨーロッパ小国の介入を批判していた。よって、英米が連盟理事会での審議への影響を懸念し、「満州国」承認の時期を考慮するよう日本側に要請していたにもかかわらず、これを急ごうとする軍部や内田康哉《うちだこうさい》外相の姿勢に不信感を抱くようになる。

「満州国」承認

牧野のもとには、グルー（Joseph C. Grew）駐日米大使、来日中のリットン（Lord V.A. G. R. Lytton）卿、蔣作賓《しょうさくひん》駐日中公使らが相次いで訪ねてきて、満州問題への善処を依頼していくのであった。牧野は、内大臣の身分から外交政策に介入できない旨を各国の外交官に伝えたものの、知人を介して関係国に配慮した外交策をとるよう、政府への助言を依頼するのであった。しかし、斎藤内閣は一九三二年九月一五日に「満州国」を承認し、この措置により、連盟や英米ら列強を強く刺激してしまう。

熱河侵攻と天皇の不安

関東軍は傀儡国家「満州国」の南西に隣接する熱河《ねっか》省をも勢力圏に組みこむことを企図し、新たな軍事行動を開始した。一九三三年初頭には山海関事件を起こし、日中両軍の間で軍事衝突にいたった。天皇は奈良侍従武官長に事件への憂慮を伝えるとともに、牧野には、御前会議の開催を提言した。牧野は、天皇に「今、御前会議を開くことはいかがかと思います、政府がその必要を感じているかどうか疑問です」（同前、一九三三年一月九日）と答え、慎重に対応するよう助言した。いっぽうで、牧野は、熱河方面の事態が悪化するような場合には、御前会議の召集も考慮せねばならないと思いいたり、その準備にとりかかった。

御前会議の検討

そこで、牧野は、御前会議開催の是非につき、原田熊雄に西園寺からの意見聴取を依頼しつつ、一月一四日、末弟の大久保利賢《としかた》邸に高橋蔵相を招き、主要閣僚や統帥部首脳による御前会議開催の件を打診した。高橋は牧野の提案に直答せず、ただ、閣議で熱河作戦を決定したことや閣僚間で意見の不一致がみられる状況を説明するのみであった。牧野は、高橋の言葉から御前会議召集の不可能な事情を悟った。

イギリスからの妥協案

満州問題をめぐる国際連盟の審議は大詰めを迎えようとしていた。連盟側と日本側の間で膠着状態が続くなか、イギリスから日中二国間交渉を軸として解決を模索すべしという妥協案が提示された。しかし、軍部や内田外相らは、協議のうえイギリス提案を拒否する旨を申し合わせてしまう。連盟脱退という最終手段を回避するため、天皇や牧野は、イギリスの妥協案に応じるべきという点で一致し、西園寺の仲介を求めた。ところが、西園寺は、今日の空気や陸軍の熱河作戦を考慮し、自分から指図することはできないと（『西園寺公と政局』三、一〇頁）、天皇や牧野の主張を退けてしまった。

最後の手段

政府がイギリス提案を拒否したことにより、連盟問題は、いよいよ脱退の可否を決する事態にまで発展していた。ここにおいて、牧野は、連盟脱退を回避するため、最後の手段を講じようとした。持論の重臣を主体とする御前会議の召集である。すでに、牧野は、斎藤首相に連盟脱退のような重要議題を決する場合には、枢密院へ諮詢するよう忠告していた。これは、憲法上の輔弼責任を重視する西園寺に配慮した措置であった。

そして、事態が脱退に向けて進んでいることを察知した牧野は、枢密院への諮詢だけでなく、重臣を中心とする御前会議を召集させ、何とか連盟脱退を阻止しようと試みた。牧野が御前会議の召集まで考慮するにいたった背景には、熱河作戦の認可取り消しを望む天皇の意思が影響しており、連盟脱退の是非と関連づけて解決しようと考えていたのである。

連盟脱退を通告

しかし、斎藤内閣は、熱河作戦の遂行によって連盟から経済制裁や除名処分を課されることを避けるため、自発的な脱退を主張する外務省の意見を採用した。連盟脱退を決意した内閣にとって、牧野らの主張する重臣会議や御前会議は不要となるため、斎藤首相は西園寺と協議のうえ、これを却下した。斎藤内閣の決定により、日本は連盟発足以降、大国として常任理事国の地位にあったにもかかわらず、一九三三年三月二七日、連盟に脱退を通告した（発効は二年後）。

憤懣する牧野

連盟脱退という政府の方針はともかく、重臣会議や御前会議の召集を期待していた牧野は、閣議で連盟脱退を決定した二月二〇日の日記に、「斎藤首相は御前会議を開催したいとの意向であったはずなのに中止となった。この問題は別としても、連盟脱退について、その意味するところを十分に理解せず、脱退自体を目的とするようなメディアの言説は民衆の軽はずみな風潮を示唆しており、前途が憂慮にたえず、後日、その意味を悟ることになるだろう」（『牧野日記』一九三三年二月二〇日）と、憤懣する胸中を書きとめた。

民衆のナショナリズム

第一回普選の選挙結果に満足し、民衆を評価していた牧野は、それから五年ほど後には、ナショナリズムに煽られた民衆の迎合的姿勢を非難するようになっていた。穏健な牧野がここまで指摘するほど、民衆は大陸への膨張政策に熱狂し、軍部に追従していたのである。

牧野を批判する空気

この頃、政界周辺や軍部内には、満州問題や連盟問題について、協調外交路線の維持を主張し、英米への卑屈な態度をとっているとして、牧野への激しい批判が沸き起こっていた。ある陸軍幹部と会見した関屋次官は、「牧野に対する批評がはなはだ悪い」（『関屋貞三郎日記』国立国会図書館憲政資料室所蔵、一九三三年二月一四日）という軍部内の声を伝えている。また、当時、陸軍少将の地位にあった朝香宮《あさかのみや》鳩彦王《やすひこおう》も牧野を批判し、進退を決するよう主張していた。

側近の相次ぐ辞任

外部勢力による側近批判の対象は、牧野にとどまらなかった。宮中の側近体制を主導してきた牧野グループでは、一九三二年から一九三三年初めにかけ、その構成員の辞任が相次いでいた。一九三二年九月には河井侍従次長が、そして、一九三三年二月には、一木宮相と関屋宮内次官が辞任している。辞職の理由は各自で異なるものの、共通しているのは、少なからず、外部からの側近批判が影響していたことである（拙著『昭和戦前期の宮中勢力と政治』）。

牧野グループの後退

彼らは、いずれも大正期から牧野とともに側近に奉仕し、政治信条や天皇を支えるための輔弼観を共有してきた同志であった。とくに、一木宮相の存在は、牧野内大臣、一木宮相、珍田（のち鈴木）侍従長という、「三位一体」の側近体制を担う重要な役割を負っていた。一木の後任には、内務官僚出身の湯浅倉平《ゆあさくらへい》が就任する。湯浅は穏健な政治思想の持ち主であったが、牧野と何でも協議するような関係を築くことはできなかった。その理由として、湯浅の実直な勤務姿勢のほかに、外部からの側近批判を避けるための措置として、牧野自身が政治的協議を控えていったという点もあげられよう。また、木戸幸一や原田熊雄らの若い世代の側近関係者の発言力も増していき、宮中における牧野グループの支配力は大きく後退していくのであった。

四　内大臣辞任

相次ぐ襲撃計画

五・一五事件では身の危険を回避した牧野であったが、その後も、元老や側近、重臣

牧野を殺害対象とするテロ計画一覧

事件名	年月日	概要，経過など
五・一五事件	1932. 5. 15	内大臣官邸に手榴弾投下，玄関前で爆発.
牧野伸顕暗殺計画	1932. 8	計画段階で犯人を検挙.
神兵隊事件	1933. 7	斎藤内閣閣僚，重臣，政党指導者らの殺害を計画するも，決行前に犯人検挙.
栗原安秀主導の牧野邸襲撃計画	1933. 9	聯隊配下の幹部候補生らを使嗾するも計画を中止.
栗原安秀主導の元老重臣襲撃計画	1933. 9-11	民間右翼らも交えた元老，重臣，財閥，政治家襲撃計画，中止.
皇国義勇隊員不穏計画事件	1934. 6	非常手段による国家改造を企図，実行中止.
一一月事件	1934. 11	五・一五事件と同様の方法で元老，重臣らの襲撃を計画，未然に検挙.
興国東京神命党事件	1934. 12	血盟団事件，五・一五事件の公判に刺激され，一人一殺方法で要人殺害を計画．警察の取調で発覚，検挙.
二・二六事件	1936. 2	昭和維新の実現を企図し，決行．牧野は湯河原で襲撃されるも難を逃れる.

※司法省刑事局「右翼思想犯罪事件の綜合的研究」（今井清一・高橋正衛編『現代史資料四　国家主義運動一』みすず書房，1963年）の情報をもとに作成.

をおもな襲撃対象とするテロ計画が相次いだ。上の表は、これらの襲撃計画のうち、牧野を殺害対象とし、司法省で把握できた事件の一覧である。取締当局が把握した事件だけでこれだけ計画されていたのであり、犯人検挙にいたらないものを含めると、その数はさらに増加するはずである。

牧野を襲撃対象とする一連のテロ計画につき、犯人のいう襲撃理由では、親英米派や協調外交主義者という抽象的な意味での「穏健派」排除の論理とともに、ロンドン条約締結時の帷幄上奏阻止問題もその理由にあげられていた。

帷幄上奏阻止問題の再燃

帷幄上奏阻止のデマは、時を経ても衰えるどころか、かえってその勢いを増していたのであった。実際、五・一五事件で検挙された海軍青年将校や、神兵隊事件で検挙された安田銕之助《やすだてつのすけ》（予備役陸軍中佐）らは、牧野襲撃の動機の一つに帷幄上奏阻止をあげている（「安田銕之助文書」学習院大学史料館所蔵、R一三―二三五）。

対策を命ずる

事実無根の虚報を襲撃の理由とされた牧野は、さすがに看過できず、木戸秘書官長を呼び、「誠に遺憾であり、このような全く事実無根なことは、これを正しておくことが必要である。これは私一身のためではなく、将来の内大臣就任者のためにも必要なのだ」と語り、木戸に適当な方法を考慮するよう命じた。木戸は、斎藤首相を訪ね、この旨を伝達して配慮を依頼したうえ、さらに、側近首脳を集めて事実を証明する声明文を作成のうえ、陸海相宛に送付する対応を講じた（『木戸日記』上、一九三三年八月二八日～九月一日）。

内大臣廃止に言及

自身への批判がやまぬなか、牧野は、内大臣の職務が実態以上に重要視されている現状に鑑み、後継首班奏請方式の改正問題と切り離し、天皇を「常侍輔弼」する意味での内大臣職の廃止について検討するよう、木戸に命じている（同前、一九三三年一〇月一六日）。

もともと、牧野は、役職や制度より人物を重視する考え方の持ち主であり、内大臣職にある自身への批判を経験したことにより、内大臣という役職の存在自体を危険視するにいたった。おそらく、牧野は、誰が内大臣に就いたとしても、後継首相や政治外交問題について不満を抱く分子から不興を買うであろう将来を見越し、内大臣の廃止という宮中組織の改革を思案するようになったものと推察される。

内大臣経験者の廃止論

興味深いことに、発言の内容や主張の背景に違いはあるものの、牧野の前・後任者である平田東助《ひらたとうすけ》と湯浅倉平も、内大臣職の廃止や職務改正を主張していた。内大臣になった者にしかわからない重圧がそう主張させるのであろう。内大臣は、西園寺が一人元老となって以降、内閣製造者として元老と「同等」の権限を持ち、また、内大臣府に出仕して天皇に仕える「常侍輔弼」の大任をも務めることから、必要な時にだけ声のかかる元老よりも負担の大きい役職といえ、官制の規定以上に権限が大きくなってしまっていたのである。

岡田内閣の奏請

牧野は、非常時における措置として重臣の重用を考慮し、後継首班奏請協議への参加や枢密院改革を主張していたのと対照的に、政治の統率力を失いつつある首相の選考では、積極的な姿勢をみせなくなっていた。斎藤実の時も木戸や原田らの動きに同調しており、後継の岡田啓介《おかだけいすけ》も、原田が初めに名前をあげ、西園寺や牧野、斎藤首相らに根回しをして、結局、そのまま岡田が首相に奏請されている。

重臣会議に執着

この間、牧野は首相の選考過程において、常に受動的であり、首相奏請の協議に誰を加えるかという点のみに執着していた。重臣を参集させた後継首班奏請協議の席でも、牧野は岡田を強く推薦せず、アメリカとの外交関係の維持や軍部統制の点から陸海軍大臣が留任できるかを懸念する、とだけ発言している。そして、協議の最後にあたり、牧野は、「この会合は天皇の聖旨にもとづく会議であり、この場での情報を一切他言しないよう」（同前、一九三四年七月五日）、列席者に誓約させた。牧野の神経がどこに集中しているかを看取できよう。

辞意をもらす

牧野が明確に辞意を表すのは、一九三四（昭和九）年一〇月三〇日のことで、興津の西園寺を訪問する木戸秘書官長に、「来年は内大臣就任以来、一五年に達するので、健康もすぐれず、また、側近の人心を新たにする意味からも後任にその職を譲るのがよい」（『牧野日記』一九三四年一〇月三〇日）と、初めて自身の進退について言及した。この日、牧野の辞意を聞きとった木戸は、持病のために元気のない牧野の様子をみて、「衷心から同情にたえない」（『木戸日記』上、一九三四年一〇月三〇日）と感じるのであった。

悪化する持病

実際に、牧野の持病である神経痛とじんましんは、激務と比例するように悪化していき、一九三二年以降は、宮中での晩餐会の中座、陸海軍大演習への不参といった、公務に支障をきたすほどの容体となっていた。また、木戸や原田の日記にも、この頃から牧野の持病に関する記述が頻繁に出てくるようになる。

西園寺との距離

牧野にとって、精神的疲労を感じるようになった原因はほかにもあった。それは、宮中勢力の内部から発する問題であり、とくに、西園寺との関係が微妙に変化してきたことで、牧野の精神面に負担をかけていったように思える。政界周辺でも両者の関係の変化を嗅ぎとっていたようで、牧野のもとにも「最近、元老と内大臣との関係は昔日の如くならずとの話が各方面で宣伝されている」（同前、一九三五年四月二三日）という情報が届いていた。

軍縮問題

そして、牧野と西園寺との間の溝は、時局への対応をめぐっても表面化してくる。海軍が破棄をめざしていたワシントン、ロンドン両軍縮条約への対応につき、天皇とともにその存続を望む西園寺は、陸海軍の両統帥部長へ「日本の国際的地位について考慮すべし」という注意を与えるべく、牧野と鈴木侍従長にその方法や手段を考慮するよう依頼した。原田から西園寺の伝言を聞いた牧野は、「それは西園寺公からの伝言なのか」(『牧野日記』一九三四年八月二二日)と聞き返すほどで、納得のいかない牧野は、この依頼を聞き流すことにした。

牧野が西園寺の依頼に疑問を抱いた理由は、「これは簡単な仕事ではない」と牧野自身が語るように、統帥権に介入する権限のない内大臣と侍従長には困難な役割であり、しかも、ロンドン条約時の帷幄上奏阻止問題がいまだ世間を騒がす状況下、統帥部長への注意は軍部や右翼による天皇、側近へのさらなる批判を招きかねなかったからである。

西園寺の反対

一九三四年一〇月三一日、興津の西園寺を訪ねた木戸は、持病悪化を理由とする牧野の辞意と、後任に斎藤実(前首相)の名前をあげていることを伝えたが、西園寺は何も答えずに、暗に牧野の辞任に反対である意思を示した。西園寺の了承を得られなかったため、牧野は、その地位にとどまることになったが、すでに、この時から辞意を固めていたことに変わりはない。

華北分離工作

一九三五年五月、陸軍出先は中国華北地方への勢力圏拡大をもくろみ、いわゆる華北分離工作に着手した。五月三一日、木戸秘書官長から河北省での問題発生の情報をうけた牧野は、「じつに油断のできないことであり、せっかく、日中関係が好転しつつある状況で、このような事態の生じたことは痛嘆のいたりである」（同前、一九三五年五月三一日）と落胆した。牧野は、西園寺への訪問を控え、協議事項を確認すべく、天皇に拝謁した。天皇は、華北問題の推移によっては、陸軍を統制するため御前会議の開催が有効ではないかという意見を主張した。

久しぶりの西園寺訪問

六月一八日、牧野は久しぶりに興津の西園寺を訪問した。牧野は、天皇が主張した御前会議召集の是非を切りだし、出先軍の統制に苦しむ陸軍首脳の現状をも説明したうえ、西園寺の意見を求めた。西園寺は、御前会議の席で議論が紛糾することや意見の不一致が生じる事態を懸念し、これまでと同様、反対論を述べた。

辞意を直接伝える

つぎに、牧野は岡田首相を選定した重臣との首相奏請協議の結果について、西園寺から天皇へその旨を伝えたことを知ると、天皇の耳にも達した重臣会議が明治時代における元老会議の役割を果たす機関として機能していくことを予測した。新しい後継首班奏請方式がうまく機能したことを見届けた牧野は、続けて、自身の進退について、長年にわたる側近職の留任は好ましくないこと、健康に支障がきたしはじめてきたことに言及し、辞意をほのめかす言葉を投げかけた。

留任を求める西園寺

牧野の言葉に期するものを感じたのか、西園寺は、「こういう時勢だから、お互いに死ぬまでやらなければならない、個人のことなどどうでもいいので、国家の損失を考え、大いに職を全うしなければ」（『西園寺公と政局』四、二七六〜二七七頁）と、牧野の辞意をはぐらかしながら、終生の側近奉仕を望む意思を伝えた。西園寺から慰留された牧野であったが、西園寺の反応につき、「相当注意を与えたようだ」と語っているように、辞意は固く、西園寺に内大臣の後任人事を考えさせようとしていたのである。

1935年紀元節における
大礼装の牧野と利武
左が牧野，右が利武．この頃には持病が悪化しており，内大臣の辞意を固めていたと思われる（大久保利泰氏所蔵，画像データ提供：東京大学馬場章研究室）

後継首班奏請方式の改正を指示

西園寺との会見でも取り上げた後継首班奏請方式の件は、辞任を決意した牧野が木戸秘書官長に命じて研究させていたものであった。西園寺との会見に先立つこと約一ヵ月前の五月一六日、木戸と会った牧野は、元老死後における政変時の手続き方法につき、

「重臣に諮る方法を講ずるよりほかなく、この点につき西園寺にも相談してみたい」（『木戸日記』上、一九三五年五月一六日）と語っていた。牧野は、元老死後の首相選定方式につき、内大臣の比重を軽くし、重臣に元老の機能を代行させようとしていたのである。

国体明徴運動

一九三五年二月以降、議会でも取り上げられるようになった国体明徴運動は、六月になると、江藤源九郎《えとうげんくろう》（貴族院議員）が国体明徴を公言できない政府や重臣を批判した請願書を天皇に提出するほど、政治問題へと発展していた。江藤の請願書にも示されるように、国体明徴運動は重臣ブロック排撃と連動し、牧野も排斥すべき筆頭にあげられていた。内大臣として江藤の請願書の処理にあたった牧野は、政治問題化することを避けるため審議扱いとせず、政府に参考送付する措置を講じた（同前、一九三五年七月一一日）。

陸軍内部の派閥抗争

この時期、陸軍内部では皇道派と統制派の抗争が激化しており、八月一二日には、統制派の中心人物、永田鉄山《ながたてつざん》（陸軍省軍務局長）が執務中に皇道派の相沢三郎によって斬殺される事件まで発生する。木戸から電話連絡をうけた牧野は、有能な人物と聞いていた永田の訃報に、「またまた不安な出来事が発生した」（『牧野日記』一九三五年八月一二日）と慨嘆するのであった。

重臣ブロック排撃

さらに、この時期になっても、いまだ牧野に関する怪文書が諸方面に配布され、帷幄上奏阻止問題に加えて、一九三一年の三月事件の際に、当時の宇垣陸相らと共謀していたというデマまで流布される状態であった（今井清一・高橋正衛編『現代史資料』四、六七六〜六七七頁）。

しかも、国体明徴運動に連動した重臣ブロック排撃は、民間右翼や軍部の青年将校のみによる運動ではなく、少なくとも、陸軍皇道派の将官クラスでも唱えられていた。皇道派の中心人物ともいえる真崎甚三郎《まさきじんざぶろう》（軍事参議官）は、一九三五年一〇月二四日の日記に、「宮中に根拠を有する癌を除くためには、非常の力を要し」（伊藤隆ほか編『真崎甚三郎日記』二、山川出版社、一九八一年、一九三五年一〇月二四日）と述べており、牧野らを除去すべき対象にあげていた。

不退転の辞意

一一月になると、牧野のじんましんの症状が悪化し、鹿児島県と宮崎県で実施される陸軍大演習に供奉できず、これを拝辞せざるをえなくなった。これで陸軍大演習への供奉拝辞は三年連続となった。ここにいたり、牧野は即座の辞任を決意し、一一月一五日、木戸へ「健康がすぐれず気力もなくなり、職務を果たす自信がなくなったので辞職したい」と述べ、その時期についても、次期議会の開会前としたく、後任は以前話題にのぼった近衛などでよいと、後始末を含めてみずからの意思を伝達した。

そして、同月二〇日には、木戸に対して、改めて正式な辞意を表明し、人事権を管轄する湯浅宮相に伝えるよう依頼した。さらに、牧野は、西園寺への連絡と天皇から慰留があったとしても留任できないのでよく処理するように、と固い決意を付け加えた。この時点で、牧野は内大臣の辞意を木戸にしか伝えていなかったが、その後、兄弟や家族にも伝えたようで、二八日には、大久保利武が木戸を訪ね、牧野の辞任につき尽力を要請している。利武ら親族の者も、牧野を早く休ませてやりたかったのであろう。

西園寺への伝達

すでに何度も牧野からの辞意を伝えられてきた木戸も、牧野の確固たる態度に接して、慰留のきかない事情を悟った。一二月四日に西園寺を訪ねた木戸は、牧野の固い辞意を伝えた。しかし、西園寺は、国体明徴運動の余波で辞めたように受けとられるので時期が悪く、「常侍輔弼は精神上のことで、常に天皇の側にいて奉仕するという意味ではない、なので、寝ていようとも内大臣の務めは果たせる」(『西園寺公と政局』四、三八七頁)と語り、またしても牧野の辞任に反対した。よって、木戸は、牧野の持病の具合がかなり悪く、精神的にも神経質になっており、このまま慰留しても一年も持たないだろうと、重ねて辞任を認めるよう迫った。牧野の慰留の不可能な状況を理解した西園寺は、内大臣の後任につき検討するよう依頼した。

斎藤を後任に決定

帰京した木戸は、湯浅宮相、鈴木侍従長のほか、岡田首相とも人選を検討し、前首相の斎藤実を後任の内大臣候補として選定した。その後、天皇にも牧野の辞意が伝えられたところ、天皇は牧野の留任を希望していたが、不可能な場合、斎藤でよいという意見であった。

内大臣を辞任する

秒読み段階に入った牧野の辞任であったが、岡田首相が政局との関係から牧野の辞任に待ったをかけようとした。しかし、辞任の素志貫徹を求める牧野の意思は変わらず、木戸も政変前の更迭を急ぐため、一二月二〇日に秘書官へ辞表作成を依頼し、作成後、人事権を管轄する湯浅宮相にこれを提出した。

内大臣の後任候補にあがっていた斎藤の承諾後、牧野への退官辞令の交付と斎藤の内大臣親任式が一二月二六日に行われた。これにより、牧野は正式に内大臣を辞任し、宮相時代と合わせて一五年近くにおよぶ側近生活を終えたのである。

翌二七日、挨拶にきた原田に対し、牧野は「西園寺さんの前に隠居して申し訳ない、今日の側近の陣営は今までになく立派な人がそろっているから安心してよいと伝えてくれ」（同前、四〇二頁）と語った。

辞任の背景

牧野が約一五年にわたる側近職からの辞任を決意した理由とは何だったのであろうか。

本書でも述べてきたように、一九三〇年代以降の激しい批判やテロ計画が影響していたことは確かであろう。ただし、それは、牧野が批判やテロに屈したことを意味しない。牧野が外部からの批判のなかで、とくに気にかけていたのは、持病の悪化により「常侍輔弼」できなくなったことと、事実無根のデマを流されたことであった。陸海軍の演習に供奉できないことや持病の悪化によって出仕の回数が減ってきたことを批判されるうち、皇室に仕える牧野の自尊心は徐々に傷ついていったであろうと想像される。牧野が木戸に対して何度も持病の悪化による側近奉仕の困難さを訴えているのは、牧野の本心を表していると理解してよいだろう。

精神的疲労

牧野の辞任理由につき、持病の悪化という体調不良を主要因とするならば、持病の悪化をもたらした心身の疲労、とくに、精神面への影響も副次的要因として考慮する必要があろう。牧野の精神面に悪影響をもたらした要因として、まず想定されるのが、帷幄上奏阻止問題などの外部からの批判攻撃である。

側近内部の要因

さらに、側近内部における意見の不一致も牧野に大きなストレスをあたえていたものと思われる。とくに、宮中勢力の最終的な意思決定者である元老西園寺との間の距離感は、満州事変以降、みえない形で徐々に広がっていったように感じられる。

両者の間に距離感を生んでいった要因は、非常時における国家意思調整機能をいかに構築するかという問題に帰着する。そもそも、時局に対する認識の差は、興津にいる西園寺と、皇居に出仕して天皇や側近、主要閣僚から最新の情報を得られる牧野とでは、受け止め方にも差が生じてくるのは仕方のないことであった。

軍部統制策

非常時において、政党内閣や斎藤、岡田「挙国一致」内閣による軍部の統制が困難だと判断した牧野は、持論である重臣の起用を考慮するようになる。満州事変後の重臣会議や御前会議、後継首班奏請協議でも、牧野は山本権兵衛《やまもとごんべえ》や清浦奎吾《きようらけいご》らの参加を提言しており、また、平沼枢密院副議長の起用にも賛同していた。

牧野も、西園寺が重臣起用案に反対であることは承知していた。しかし、その西園寺自身が、非常時にもかかわらず、元老として積極的な手段を講じようとせず、政治への介入を禁じられている内大臣の奮起を求められているような状況下、牧野は、元老に代わる権威を用いて政治を安定化させるしかないと考えていたのである。

天皇の涙

いずれにせよ、牧野が心身ともに疲れきっていたことは事実である。そんな牧野にとって、外部からの批判攻撃や歴史家、評論家の批判など些細なことであり、辞任に際して、長年仕えてきた昭和天皇が声をあげて泣くほどに、その退官を惜しんでくれたことが何よりの慰めとなったことであろう。

第五　晩年

一　退官後の災難

辞任後の噂

牧野の内大臣辞任につき、政官界やメディアから惜しむ声があがった。それと同時に、引退後の牧野の政治的地位について、重臣として政治的価値を高めていくのではないかという憶測も流れていた。

牧野への勅語

長年にわたる側近の功績を讃えるため、牧野は天皇から勅語を拝することになったが、西園寺や木戸の間で、牧野の元老化を防ぐためにも、元老らに与えてきたような「匡《きょう》輔《ほ》」などの特別な語句を入れないよう注意されていた。牧野は、一九三六（昭和一一）年一月二〇日に参内して天皇に退官の挨拶をし、天皇から多年におよぶ側近の功績を讃える勅語を下された。

帝室経済顧問となる

牧野は、周囲の声に惑わされることなく、退官後の余生を悠々と過ごそうとしていた。

天皇に退官の挨拶をした同二〇日には、顧問職たる帝室経済顧問に任命されたものの、皇室の経済問題につき、天皇から諮詢があった場合に審議するだけの職務で、普段は隠居生活を送っていた。

鎌倉から渋谷へ

退官後、牧野は鎌倉町（現在の鎌倉市）二階堂にある自宅を売却し、一時、弟利武のいる芝区芝二本榎（現在の港区高輪）の別邸に身を寄せた後、渋谷区神山町の鍋島家（伸通の妻純子の実家）の借家で生活をおくるようになった。鎌倉の敷地は、宮相に就任した一九二一（大正一〇）年頃、隠居後の生活を考えて購入したものであった。

隠居した牧野の本心は、住み慣れた鎌倉の邸宅を生活の拠点にしたかったようであるが、内大臣時代から警衛のための警察官が数名派遣されることになっていた。そのため、牧野は鎌倉へ行くたびに、所轄の鎌倉警察署へ連絡をせねばならなかった。また、孫の吉田健一いわく、葉山御用邸の警備も担当する鎌倉署が、牧野の警備まで担当できないということで、牧野の鎌倉入りを拒むようになったという（吉田健一「牧野伸顕　或る自由主義者の足跡」）。警察が一市民となった牧野の居住を拒否したとは思えないので、鎌倉を離れたのは、手続きの煩わしさを避けたい牧野の判断だったのであろう。

不穏な動き

国体明徴声明後も陸軍内部の派閥抗争は収まらず、政府要人や重臣を排撃する空気もやむことはなかった。退官する牧野のもとにも、現状打破を訴える青年将校らが昭和維新断行を計画しており、このまま推移すれば「国家の重大問題、国際関係上もゆゆしき大事となるであろう」という、強迫の意を含んだ書簡が送られてきていた（林茂ほか編『二・二六事件秘録（別巻）』小学館、一九七二年、三七一～三七五頁）。

湯河原へ

宮相就任以来、一五年近くにおよぶ側近職を退いた牧野は、持病の神経痛とじんましんが悪化しており、静養と湯治のため神奈川県の湯河原温泉で身体を休めることにした。牧野の宿泊した宿は、伊藤屋旅館別館の光風荘《こうふうそう》であり、本館から県道と藤木川を挟んだ向い側の丘陵の中間に位置していた。

光風荘

当時の伊藤屋旅館の案内によると、光風荘の宿泊費は、一泊二〇円、一ヵ月二五〇円と記載されている。牧野は、一九三六年二月三日午後、湯河原に到着し、その足で光風荘に入った（『東京朝日新聞』一九三六年二月四日夕刊）。おそらくは、一ヵ月単位での宿泊を予定していたはずである。牧野は、妻峰子《みねこ》のほか、女中二名、牧野担当の看護婦森すず江を連れて投宿し、警察巡査の皆川義孝《みながわよしたか》が護衛についていた。さらに、二月二五日には、孫娘の吉田和子（吉田茂の娘、のち麻生太賀吉《あそうたかきち》の妻）も牧野を訪ねて湯河原へ入り、光風荘に宿泊する。

昭和維新を計画

牧野一行が湯治旅行に浸っていた頃、東京では陸軍青年将校らによるクーデター計画が練られていた。昭和維新をはたすべく決起した陸軍青年将校らは、「国体破壊の元兇を芟除《さんじょ》し、以て大義を正し国体を擁護開顕せんとする」ことをめざし、元老重臣ブロックのほか、財閥や政党への攻撃を企てた。このうち、元老重臣ブロックは、彼らのいうところの「君側の奸臣」をさし、元老西園寺、斎藤内大臣、鈴木侍従長のほか、内大臣を辞任した牧野も襲撃の対象とされた。

牧野を標的とした理由

昭和維新を思い立った陸軍青年将校らは、なぜ、退官した牧野を標的に加えたのであろうか。彼らの憲兵調書や公判記録などを読むと、意外な事実につきあたる。まず、民間人として牧野襲撃隊に加わった渋川善助《しぶかわぜんすけ》は、ロンドン条約時の帷幄上奏阻止問題をあげ、斎藤や一木《いちき》、牧野が反省もせずに君側にいることを動機にあげている（『二・二六事件裁判記録』渋川善助公判調書）。

デマが動機

また、前章でも紹介したように、国体明徴運動の際には、帷幄上奏阻止に加え、一九三一年の三月事件に牧野らが共謀していたというデマまで流されていた。このほか、首謀者の一人の村中孝次《むらなかたかじ》（元歩兵大尉）も、真崎甚三郎《まさきじんざぶろう》の教育総監更迭が牧野ら重臣と統制派によって強行されたと主張している（『現代史資料』四、六七八〜六八〇頁）。これらの事実無根のデマが青年将校らの間に浸透し、重臣としての牧野を排除せねばならないという意識が共有されていくのであった。

殺意のない者も

いっぽうで、襲撃部隊に参加した者のなかには、牧野を襲撃する動機について、漠然とした理由しか抱かず、強い殺意まで持たない者もいた。例えば、襲撃者の一人、宮田《みやた》晃《あきら》（予備役曹長）は、「牧野に対してはかねてから殺意を有していたわけでなく」、湯河原で「始めて牧野に対する殺意を決するにいたった」状態であった（原秀男ほか編『検察秘録二・二六事件』一、二〇二頁）。

君側の奸

宮田のように、最初から明確な殺意を持たない者もいたが、襲撃部隊を編成した栗原《くりはら》安秀《やすひで》（歩兵中尉）が、「牧野前内府はどうしても遣《や》らねばならん」と公判時に語っているように、事件を起こした青年将校全体の認識として、牧野は「君側《くんそく》の奸臣《かんしん》」の象徴であり、彼らのめざす昭和維新を成し遂げるうえで、排除しなければならない障害とみなされていた。

杜撰な襲撃計画

指導的立場にいた青年将校数名の協議により、襲撃の具体的計画が練られていった。二月一〇日の会合で、河野寿《こうのひさし》（航空大尉）が「牧野は自分でどうしても遣る」と主張し、同一八日では、在京の重臣に加え、河野が一隊を率いて牧野を襲うことを申し合わせた。

ただし、牧野襲撃隊の人選にあたっては、襲撃指揮者の河野ではなく、栗原がこれを担当し、民間人五名を含む七名を選定、襲撃前日の二五日に全員が会同し、河野に引き合わせた（『二・二六事件裁判記録』栗原安秀公判調書ほか）。

すなわち、河野ら八名の牧野襲撃隊は、襲撃前日の夜に初めて「同志」となったのであり、十分な打ち合わせもしないまま、二台の車で湯河原へ向けて出発したのであった。この「烏合の衆」ともいえる襲撃隊の編成が、牧野にとって幸いすることになる。

二月二六日

二月二六日、河野の指揮する牧野襲撃隊八名は、東京より二台の車で湯河原入りし、途中で河野から襲撃手順を指示したうえ、午前五時過ぎに光風荘への襲撃を始めた。河野ほか二名が裏口より館内に侵入を試みたところ、護衛の皆川巡査に気づかれたため、皆川を捕らえて牧野のもとへ案内するよう迫った。皆川はスキをみて拳銃で反撃し、河野ともう一人に銃創を負わせたものの、自身も銃撃を受けて動けぬ身体となってしまい、炎上する建物のなかで落命する。

決死の避難

玄関先では、屋内での銃声を聞いた襲撃隊の水上源一《みずかみげんいち》（民間人）が屋敷に火を放ち、建物は瞬く間に炎と煙に包まれていった。この間も、襲撃隊は炎に包まれる館に向って銃撃を加えていた。屋内で異変に気づいた一行は、牧野に羽織を被せ、森看護婦や孫の和

当時の光風荘（焼失する前の写真．光風荘保存会所蔵）

光風荘見取図（光風荘保存会所蔵）

伊藤屋旅館による案内図．屋敷左下の八畳間に牧野が宿泊していた．右上にのびる手書きの矢印は牧野らの避難経路．

子の先導によって奥にある風呂場から裏山へ避難し、地元住民の助けも借りながら、何とか難を逃れることができた（麻生和子『父吉田茂』、河野司『二・二六事件秘話』河出書房新社、二〇一二年）。

吉田和子

前日夜に光風荘へ投宿してきた吉田和子も運悪く襲撃事件に遭遇してしまった。和子は、牧野とともに銃弾の飛び交うなか、光風荘から避難したのであり、麻生家へ嫁ぐ和子の身に何か起きていれば、後に首相となる麻生《あそう》太郎《たろう》氏もこの世に生をうけなかったのである。

九死に一生

二・二六事件における湯河原襲撃について、牧野が難を逃れて生存したという結果のみ紹介されることが多い。しかし、実際、牧野は、命を落としかねないほどの危機的な状況にさらされていた。それは、まさに九死に一生を得るという程度の危機であったといえよう。もし、湯河原襲撃部隊がもう少し人数をかけ、事前に謀議をめぐらして周到な準備をしていれば、もし、殉死した皆川巡査の奮闘がなければ、もし、襲撃部隊が光風荘に火を放たず、牧野らが奥の風呂場方面ではなく、正面の玄関側から避難しようとしていれば、そのいずれの場合でも、牧野は命を落としていたはずである。偶然的な要素が重なったことで、牧野は何とか危機を回避できたのである。

「夢のよう」

牧野も、ひと月あまり後に襲撃当時のことを回想して、「まさに夢のようであった」（小山完吾『小山完吾日記』一九三六年四月某日）と語っており、正気を保てないほど動揺していたことをうかがわせる。なお、牧野の危機脱出に貢献した皆川巡査（死亡）と森看護婦（負傷）には、牧野家から、それぞれ見舞金と治療費が支払われ、湯河原の住民八名にも神奈川県知事名で、表彰状と金一封が手交された。

避難先を転々と

光風荘から脱出した牧野ら一行は、湯河原の住民らの助けを借り、同地より奥地にある天野屋旅館に避難して一泊した後、迎えの車に乗じて東京に帰ってくる。帰京後、牧野は吉田茂の手配により、北品川御殿山の原邦造《はらくにぞう》（実業家）宅に数日間、身を寄せた後、さらに、牛込にある志賀直哉《しがなおや》（作家）親類の鈴木方へ移って事態の鎮静を待った。その後、ようやく渋谷の自宅へ帰ることができた。

参内を希望する

関屋貞三郎の日記によると、牧野は湯河原から東京へ戻る際、宮中に参内して天皇に奉伺することを望んでいたものの、宮内省が混乱したなかでの牧野の受け入れを時期尚早と判断し、この要請を見合わせていた（「関屋日記」一九三六年二月二七日）。孫の吉田健一も二六日に電話連絡をうけて湯河原に直行すると、避難先の宿で疲れきった表情の牧野がおり、何度も「早く東京に行って参内しなければ」という牧野の言葉を聞いている。

牧野は、天皇に自分の無事を伝えるとともに、壊滅状態となっている側近体制を考慮し、一時的ではあれ、天皇を補佐しようと考えていたのであろう。

牧野襲撃隊への処分

指揮者の河野寿は、襲撃時に皆川巡査よりうけた銃撃で負傷し、そのまま東京第一衛戍病院熱海分院に入院したが、二・二六事件が失敗したとの情報に接すると、三月五日に同分院の外で自害した。そのほかの七名と協力者で牧野宿泊の偵察にあたった民間人の渋川善助は、東京組と同じく軍法会議にかけられ、民間人の水上と渋川が死刑、その他は禁錮一五年の刑に処せられた。こうして、牧野は、人生最大の危機ともいえる湯河原襲撃を切り抜けたのであった。

趣味を楽しむ

隠居の身となった牧野の楽しみは、趣味に費やせる時間が増えたことである。自宅では、囲碁や読書に興じ、外出すると歌舞伎や映画を鑑賞した。また、この頃、孫の吉田健一を介して知り合った河上徹太郎《かわかみてつたろう》や小林秀雄《こばやしひでお》ら『文学界』の同人らを招いて歓談することもあった。これから大いに趣味に興じようとしていた牧野であったが、一九三七年の日中戦争以降、非常時を理由に公然とした娯楽をひかえるようになる。

湯浅内大臣の来訪

一九三七年一月八日、突如、湯浅内大臣が牧野のもとを訪ねてきた。広田弘毅《ひろたこうき》内閣下の政局の不安定さから政変の近いことを予見し、後継首相候補として自身の想定する宇《う》垣一成《がきかずしげ》（予備役陸軍大将）の是非につき、牧野の見解をうかがいにきたのであった。牧野は、「宇垣に対しては賛否両方の意見を聞くも、軍部内の反対はそれほどでもなくなったようだ」と、知りえる情報を湯浅に伝えた。湯浅も、「宇垣に対し個人的に反感を抱く者もいるだろうが、集団的に妨害手段を企てることはないだろう」（『牧野日記』一九三七年一月八日）と、楽観的な反応をみせた。

宇垣への大命降下

はたして、この会見から二週間ほど後、湯浅の予測どおり広田内閣は総辞職し、西園寺と湯浅内大臣は、後継首相として宇垣を奏請した。牧野と湯浅は、宇垣に反対論のあることを承知していたが、「集団的な妨害手段」まで起こるとは思わなかった。しかし、実際は、宇垣への組閣大命降下を知った陸軍では、組織全体で組閣阻止の構えをみせ、陸相を推薦しないという「妨害手段」をとった。

宇垣の強行案

牧野は、陸軍による反宇垣の行動を「これほどまでに深刻な意気込みは意外だ」と評している。宇垣も非常手段を考慮し、一月二七日、宮中に湯浅内大臣を訪ね、天皇の優諚によって陸相を選出し、組閣を強行しようと画策した。しかし、湯浅は、「天皇を煩わす」ことや「血をみるような不祥事」の発生を恐れ、宇垣の非常手段を却下した。

協力を求められる

困った宇垣は、翌二八日、腹心を牧野のもとに遣わし、援助を求めてきた。組閣強行のため天皇の優諚を期待する腹心に、牧野は、「優諚を奏請することは政治問題なので、首相の責任で天皇に奏請することが慣例である、このことは宇垣も承知のはずなので、宇垣の判断にて善処せよ」（同前、一九三七年一月二八日）と答えた。

大命拝辞

結局、宇垣は陸相選出を断念し、身内だったはずの陸軍の「集団的な妨害手段」によって、同二九日に組閣大命の拝辞を申し出るにいたった。牧野は、「首相の責任」により、宇垣が組閣強行の策を講じるのではと期待も寄せていたが、組閣断念の報を聞き、「その心中、察するにあまりあり」（同前）と同情するのであった。また、後年、宇垣に組閣断念の引導を渡した湯浅や木戸ら側近に対しても、「宮内官として、積極的に何らかの手段や説得方法があったはずだ」（『小山完吾日記』一九三九年八月二四日）と、珍しく厳しい評価を下している。

牧野も、宇垣内閣の成立を軍部の影響力拡大を食い止める防波堤とみなしていたはずである。しかし、陸軍の組閣阻止によって宇垣内閣が成立せず、代わって、越境将軍の林銑十郎《はやしせんじゅうろう》内閣が成立したことは、牧野にとっても不本意な経過であったに違いない。

真崎恩赦問題

林内閣を経て、一九三七年六月四日に第一次近衛文麿《このえふみまろ》内閣が成立する。組閣後、近衛が第一に取り組もうとしたことは、政党と軍部、陸軍内部の派閥抗争など、国内諸勢力間における「国内相剋摩擦の緩和」であり、なかでも、陸軍内部の皇道派と統制派の対立を解消するため、二・二六事件をはじめ、昭和期以降に発生した一連のテロ、クーデター事件の被告らに恩赦をあたえようと画策していた。

近衛との会談

近衛は、とくに二・二六事件以降、勢力を後退させていた陸軍皇道派に属する人々を用いようとし、その一環として、真崎甚三郎の恩赦を求めていた。近衛の要望とは異なり、天皇をはじめ、西園寺や湯浅内大臣、旧友の木戸らも真崎の恩赦に反対であった。近衛は、真崎恩赦を実現させるため、牧野にも接近してきた。近衛は、木戸を牧野のもとへ遣わしただけでなく、自身も牧野との会見を要望し、直接、真崎恩赦の意義を説き、牧野の理解をえようとした。

牧野の同意

牧野は、近衛の主張する真崎への恩赦につき、複雑な影響をおよぼす大きな問題であるが、関係する方面と協議し、その方がよいというのであれば断行してもよいのでは、と返答した。牧野は、常にテロの標的とみなされ、二・二六事件では生命の危険にさらされたほどであり、普通に考えれば被告らの恩赦に賛成することなどありえないと思われるが、大局からみて、恩赦が政治の安定に寄与するのであれば、これに賛同するという度量の広さをいまだ失っていなかった。

なお、同席上、近衛は七月七日に発生した盧溝橋事件後の日中関係と陸軍内部の対応についても言及し、石原莞爾《いしはらかんじ》（参謀本部第一部長）が華北工作の断念と「満州国」育成に専念すべきという意見を持ち、内閣でもこれを根本政策とするよう要請されている状況を説明すると、牧野は、「陸軍の従来のやり方と比べると百八十度の革新であり、大いに検討する価値がある」と返答した（『牧野日記』一九三七年七月二二日）。

真崎らへの恩赦に理解を示した牧野の姿勢は、近衛らを通じて皇道派の陸軍軍人やその一派に伝えられていった。彼らにとってみれば、牧野を君側の奸として排撃の対象としてきたのであるが、今回の態度に感動し、柳川平助《やながわへいすけ》（予備役陸軍中将）などは涙を流すほどであった。皇道派系による牧野評の変化は、戦時中の近衛グループや皇道派による政治工作の際に、牧野を利用する動きにつながっていくこととなる。

牧野を頼る近衛

近衛は、真崎恩赦問題や日中問題に理解を示してくれた牧野を信頼してか、その後も時事問題を中心に、意見を求めにきた。そのなかには、近衛が内閣の政治機能強化をはかるべく設置した内閣参議の待遇や人選に関する事項など、重要な政治問題も含まれていた。

近衛への支援

近衛は、謹厳実直な湯浅内大臣との相性がよくなく、避けるような素振りをみせており、牧野を信頼する重臣とみなして、その意見を参考にしていたのであろう。また、牧野のほうも、待望論の強かった近衛の登板をうけ、何とかこの内閣を支援していかねばならないと考えていた。その背景には、日中戦争勃発後の時局において、近衛以外に首相の適任者がいないという事情も加味されていた（『小山完吾日記』一九三七年八月三日）。

日中戦争への憂慮

日中戦争は、八月中旬に第二次上海事変が発生し、華中にまで戦線が拡大した。これまで、近衛の手腕に期待して戦争の早期解決を願ってきた牧野も、上海事変の勃発により、和平への道筋が困難になったと感じざるをえなかった。いっぽうで、近衛から聞きこんだ陸軍内部の石原ら不拡大派に期待を寄せてもいた。

国際世論の変化

牧野も心配するように、華中への戦線拡大は、それまで日中間の戦争を静観してきた国際世論を刺激し、徐々に日本に批判的な言説が発せられるようになってきた。これに対し、牧野は、「このような国際情勢となったことは痛心の極みである」「今日のような状況となったことは予想しえたことで、内政、外交にわたる政治の低下を感じ、遺憾に堪えない」（『牧野日記』一九三七年一〇月七日）と、軍部の暴走を食い止めえない政治の現状に不満を覚えるのであった。

秋月左都夫の提案

日中戦争の戦線拡大と軍部の暴走については、政界周辺でも憂慮すべき問題として認識されていた。義兄にあたる秋月左都夫《あきづきさつお》は、天皇が主要閣僚や軍部首脳を御前に召集し、戦争終結の意思を伝えて時局収拾をはかるべきだという内容の書簡を牧野に送り、さらに、書簡送付の翌日には、牧野を訪ねて同様の件を強調している。

秋月の主張に対し、牧野は、「極めて重大問題であり、内外の関係から慎重に考慮すべきである、とにかく、湯浅内大臣の参考に供すよう伝えてはどうか」(同前、一九三七年一〇月一三日)と応じた。この間、秋月のほかにも、御前会議の開催を求める声が諸方面からあがっており、その後、近衛首相らの働きかけによって、一九三八(昭和一三)年一月一一日に御前会議が開催される。

英米大使との会見

日中戦争の激化は、対中政策で日本の自重を求める英米ら列強との関係悪化を招くにいたった。日本との関係悪化を防ぎたい駐日英大使は、すでに政官界を引退していた牧野にも接触し、関係改善に向けた糸口を探ろうとしていた。

牧野は、日中戦争の推移につき、英米の許容範囲で収束するものと予測して楽観論を抱くいっぽう、クレイギー(Sir Rovert L. Craigie)駐日英大使と会った際には、今次戦争の原因を中国政府による年来の排日行為と扇動にあるとみなし、日本側の武力行使に理解を求めていた(同前、一九三七年一〇月一四日)。

吉田からの書簡

同じ頃、牧野のもとへロンドンにいる吉田茂（駐英大使）から日中戦争の拡大にともない、イギリスで反日感情が高まってきたことや、日中間の講和斡旋や戦後の財政問題でイギリスの援助を乞うため、日英間の関係改善を促すべきだという内容の書簡が届いていた（『吉田茂書翰』六四八〜六五〇頁）。

イギリスとの交渉を助言

牧野は、近衛を助けるため文相として入閣する直前の木戸を招き、吉田の意見にそって日英関係改善の必要性を説明し、近衛への伝言を依頼した。さらに、牧野は、翌年五月、原田熊雄《はらだくまお》にも同様の件を伝え、西園寺から政府を鞭撻するよう依頼した（『西園寺公と政局』六、三二七〜三二八頁）。

西園寺が牧野の依頼どおり、政府に日中和平の方策を進言したか定かではないが、すでに、第一次近衛声明によって蔣介石《しょうかいせき》を交渉相手としないといった政府の立場や軍事作戦を継続する軍部のことを考えると、吉田や牧野の提案が真剣に検討される余地などなかったといえよう。

いらだつ英米大使

牧野の楽観論に対し、クレイギーとグルー駐日米大使は、中国への攻撃を拡大する日本にいらだちを隠せなかった。牧野とクレイギーの会談から二週間あまり後、クレイギーとグルーは対日問題について協議した。クレイギーは、上海での英国兵射殺事件や海軍の第四艦隊編制など、日本海軍の好戦的姿勢を懸念し、また、グルーも、西園寺や牧野らの「老番人」が姿を現さず、軍部や好戦主義者が日本の国家政策を好き勝手にしている現状を嘆いていた（ジョセフ・C・グルー著／石川欣一訳『滞日十年』上、二〇一一年、三六四頁）。

牧野の楽観論

英米大使の日中戦争観や日本の政治事情への観察と比較すると、牧野のそれは楽観的すぎたといわざるをえない。牧野は、この時期の知識人階級の姿勢を悲観的だとみなしていたが、いまや、日本の政治の現状は、牧野がグルーに説いてきた「振り子」論でいうと、天皇を中心とする穏健派の巻き返しを期待できないほど右（軍国主義）に揺れていたのである。

喜寿の祝宴

日中戦争が拡大していくなか、兄の利和《としなか》、弟の利武の発案による牧野の喜寿の祝宴が催され、一九三七年一一月一日、牧野は、末弟の大久保利賢《としかた》邸で兄弟や家族から祝福をうけた。牧野は、この供応につき、「兄弟がお互いに高齢に達しても相互の情義を欠くことなく親密な関係を維持していることは世間でも稀であり、これは君恩によるものであることはもちろん、亡くなった父の余徳から生じた家風でもあろう」（『牧野日記』一九三七年一一月一日）と、感慨深く語っている。利通の遺子たちの結束は、お互いが老境の域に入ってでも揺るがなかったのである。

後継首班奏請方式の改正案

牧野の喜寿祝賀晩餐会

前列中央が牧野，その左に利和，峰子，同じく右に利武，利武の後に利賢
（1937年．大久保利泰氏所蔵，画像データ提供：東京大学馬場章研究室）

一九三九年秋頃から、木戸や近衛、松平康昌《まつだいらやすまさ》内大臣秘書官長らは、元老死後の後継首班奏請方式について研究していた。研究案では、内大臣が総理大臣経験者を集めて意見を聴取したうえで首相を選定し、天皇に推薦することになっていた。その際、松平らは召集する重臣のなかに、総理大臣に就いたことのない牧野も加えようと考えていた。牧野は、重臣として申し分のない政治経歴を積み、何といっても天皇からの信頼も厚かった。松平らが牧野を後継首班奏請の協議に参加させようとしたの

も、ある意味、当然の措置であった。

牧野は、この研究に参与していなかったが、自分がその地位にふさわしいか否かを別として、有能な人物を側近に置くよう従来から主張しており、天皇の信頼する重臣を奏請協議に参加させるべきだという趣旨には賛成だったはずである。

西園寺の反対

しかし、松平秘書官長から研究案を聞いた西園寺は、「今、牧野を首相選定の協議に参加させると世間を刺激するし、牧野にも迷惑がかかる、害あって効果がないから牧野の参加はやめておいた方がよい」と注意したため、松平と湯浅内大臣も牧野の召集を断念することにした。

西園寺は、原田を介して牧野にこの旨を伝えさせ、了解を求めた。牧野は、「西園寺公の意見はありがたく、湯浅内大臣の気持ちもよくわかっているので、心配せずともよい」と返答した（『西園寺公と政局』八、一六三頁）。

西園寺の真意

牧野の能力や経歴、政治思想を熟知しているはずの西園寺が松平らの研究案を拒否したことは興味深い。西園寺とすれば、内大臣在職時から続く牧野への批判がやまぬなか、首相を選定する重要な役割を担わせることは、牧野を再び身の危険にさらすことになるし、秩序の安定にも悪影響をおよぼしかねないと判断したのである。牧野も、当時の情勢や西園寺の意図をよく理解していたのであろう。

やまぬ批判

実際、牧野は、一九三九年から四〇年にかけ、排英運動や独伊との提携強化を主張する過激な国家主義団体から、親英米派の巨頭として暗殺の対象とされていた。内大臣辞任後、数年が経過しているにもかかわらず、いまだに牧野を排除すべき重臣とみなす風潮はやまなかったのである。

「重臣」牧野の存在

牧野は、この後、一度も後継首班奏請の協議に召集されることはなかった。西園寺の死後、牧野は、重臣のなかでも一目置かれる存在であり続けたがゆえ、後継首班奏請に召集されないことに疑念を抱く者も出てくる。そして、戦局の悪化がひどくなるにつれ、牧野自身の関与しないところで、牧野を利用した政治工作が画策されるようになる。

枢軸外交への懸念

病気により辞任した湯浅倉平に代わって内大臣となった木戸幸一は、みずからの主導で親友の近衛を首相に奏請した。一九四〇年七月二二日に成立した第二次近衛内閣は、行き詰った日中戦争の打開とヨーロッパ戦線でのドイツの快進撃に呼応すべく、独伊との軍事同盟締結と東南アジア地域への南進を国策と定め、北部仏印進駐(九月二三日)、日独伊三国軍事同盟締結(九月二七日)を実行した。

これは、国家政策の基軸を協調外交から枢軸外交へと転換することを意味し、牧野や西園寺ら宮中で協調外交を支えてきた者たちの長年の努力も、一気に無に帰すこととなった。近衛や松岡洋右《まつおかようすけ》外相らの推進する枢軸外交に対し、牧野がどう考えていたのかを直接示す資料は管見の限りみあたらなかった。その代わり、牧野の周辺にいた人々の動きから、牧野の考えを推し量ることは可能である。

吉田の近衛更迭論

女婿の吉田茂は、当時、宇垣一成を首班にすえる工作に関与していたこともあり、近衛内閣の成立を批判的に評していた。ついで、組閣後の近衛内閣の外交政策につき、独伊の勝利を妄信し、現状打破の声に押されて英米勢力を敵視した、「外交の常道を逸脱」するものだと酷評した。そこで、吉田は政局にあたる政権として、宇垣、池田成彬《いけだしげあき》（元三井合名会社理事）、町田忠治《まちだちゅうじ》（元民政党総裁）らの穏健な人物を結集した内閣の成立を求め、この案を原田熊雄や西園寺に書簡で伝達するとともに、牧野にもその経緯を知らせている（『吉田茂書翰』六五四〜六五八頁）。

吉田の書簡を読んだ西園寺は、「吉田の考えは我々とちっとも違わないじゃないか」と同感の意を表した。いっぽうで、吉田の求める宇垣擁立工作については、「しかし、今自分が先頭に立ってどうかするというのはかえってよくない」（『西園寺公と政局』八、三三六頁）と述べ、元老として政変を来たすことには反対した。

西園寺が近衛内閣の更迭に動かないとみるや、吉田は牧野に通知したうえで、直接、近衛に書簡を送り、牧野や西園寺に伝えたことと同じ内容を書き記し、自発的に進退を決するよう迫った。

ファシズムを批判

吉田茂を中心とする一連の経緯から、当時の牧野の考えも推測できる。牧野が、吉田や西園寺、原田らと同様、枢軸外交への転換、すなわち英米との協調外交の破棄に反対していたことは明らかである。孫の吉田健一も、「どうせ、このヒトラーとかムッソリーニとかいう連中が長続きする訳はない」（吉田健一「牧野伸顕　或る自由主義者の足跡」）という牧野の言葉を聞いており、牧野は、以前から独伊のようなファシズム体制に嫌悪感を抱いていた。

西園寺が吉田茂の言い分に「自分たちの考えと変わらない」と語った時、そのなかに牧野も含まれているとみなしてよいであろう。ただし、枢軸外交への転換を危惧する西園寺も、政局に介入し、近衛内閣の外交政策を拒否して倒閣を促すような工作に乗りだすわけにはいかなかった。

これら英米協調外交の崩壊を恐れる周囲の人々と同様、牧野も近衛内閣による枢軸外交への転換、南進という外交方針には反対だったはずであり、いっぽうで、すでに公職にない身分で、内閣の施政に介入しようとまで考えていなかったと思われる。

三国同盟

一九四〇年九月二七日に調印された日独伊三国軍事同盟の締結後、天皇は木戸内大臣に対し、条約締結にいたる経緯を内大臣前任者の牧野と湯浅に報告するよう命じた。牧野は、来訪してきた木戸に、事情を理解したうえで「やむをえない」と答えた。親英米派を自認する牧野にとって、日本の外交方針の基軸を英米協調路線から独伊との枢軸路線に転換させることを意味する三国同盟の成立は、内心承服しがたかったに相違ない。

西園寺の死

一九四〇年一一月二四日、協調外交や穏健な政治の旗振り役を務めてきた元老西園寺公望が亡くなった。二人の付き合いは、明治期の文部次官時代以来であり、牧野は、西園寺とともに国家と皇室を支えてきた日々を思い返し、悲嘆したに違いない。

原田からの手紙

西園寺の死から約一年が経過した一九四一年一一月、牧野のもとに原田熊雄から書簡が届いた。なかには、軍部によって誤った方向に向かいつつある国家の前途につき、西園寺も憂慮していたし、牧野も同じ胸中であろうという心情がつづられていた（「牧野伸顕文書」五〇—一）。

牧野に同情を寄せる

日米開戦が目前に迫った時点で、原田は、秘書として長年仕えてきた西園寺と同様、英米ら列強との協調外交を死守するために尽力してきた牧野へ、自分たちの努力を踏みにじり、国家を戦争へと導いてしまった勢力への怒りと痛恨の心中を語らずにはいられなかったのであろう。

二　戦時中の動向

ハル・ノート

日本が対米開戦を決意する原因となったハル・ノートの提示に、牧野も反応した。その経緯は、東郷茂徳《とうごうしげのり》外相の代理として吉田茂を訪ねてきた佐藤尚武《さとうなおたけ》がハル・ノートを示し、牧野の意見を聞いてほしいと依頼したのであった。吉田からハル・ノートをみせられた牧野は、「アメリカ側のこの書き方はずいぶんひどいな」と嘆息してから、「外相として和戦の決定はもっとも慎重を要する事案であり、日米開戦によって明治維新以来の大業を荒廃に帰するような結果を招くことは、天皇や国民はもとより、西郷や大久保など薩摩の大先輩に顔向けできなくなるぞ」（『回想十年』一、五二〜五三頁）と、忠告したという。吉田は、牧野の真意を開戦反対と受けとり、この言葉を佐藤と東郷外相に伝え、善処を要請した。

吉田の開戦反対論

吉田の戦後の回想では、この時の牧野の発言を開戦反対論と断定しているが、はたしてそうであろうか。吉田自身、これより前、開戦反対の立場から牧野に書簡を送り、対米戦回避の方策を探っていたことは事実である。

牧野の反応

しかし、牧野の行動様式から考えると、輔弼の任についている大臣や政府に自分の意思を伝えて、強引に国策の転換を迫るようなことはしないはずである。実際、吉田から牧野の感想を伝えられた東郷も、後にハル・ノートへの対処として、「当時の自由主義陣営や重臣層から、米国の提案をそのまま受諾せよという意見を聞かなかった」(東郷茂徳『時代の一面』中公文庫、一九八九年、三六七頁)と述べている。

おそらく、牧野の語った言葉を、吉田が自分に都合よく解釈したのが実情であり、その趣旨は、「アメリカとの戦争は避けたいところであるが、これでは開戦もやむをえないであろう。対米戦により、父の利通をはじめ故郷の先輩方が奮闘して成し遂げた明治維新の大業、帝国の繁栄が破綻するかもしれないな」という程度ではなかったかと推察する。いずれにせよ、牧野や吉田の思いも虚しく、日本は対英米戦を決意し、一九四一(昭和一六)年一二月一日の御前会議でこれを決定するにいたる。

開戦の日

一二月八日、海軍による真珠湾奇襲攻撃成功の情報が国内に寄せられた時、牧野は参内して木戸内大臣と会談した。会談の内容は不明だが、日米開戦についての協議であったことは確かであろう。

戦時中の木戸訪問

日米開戦後、牧野は何度か木戸を訪ねている。天皇への機嫌奉伺のついでに立ち寄ったのであろうが、木戸も重要な機密情報を牧野に伝えていたとは思えず、挨拶や近況報告程度の会話に終始していたものと思われる。

相次ぐ身内の死

1942年５月14日の利通命日に参集した大久保一族
前列左から六人目に利武，一人おいて牧野，利和（大久保利泰氏所蔵，画像データ提供：東京大学馬場章研究室）

戦局が悪化していくさなかの一九四三（昭和一八）年七月一四日、牧野の実弟で、大久保利通の三男大久保利武が亡くなった。同年には、石原雄熊《いしはらゆうくま》と大久保七熊《しちくま》の弟二人も亡くなっている。さらに、牧野にとっての不幸は続き、翌一九四四年九月四日、長年連れ添ってきた人生の伴侶、妻峰子の死に直面し、敗戦の年一九四五年には、長兄の利和も亡くなった。これで、牧野は、開戦直前の娘雪子《ゆきこ》に続き、わずか数年のうちに多くの兄弟と家族を亡くしたことになる。利和の死により、兄弟で健在なのは、妹の芳子《よしこ》と末弟の利賢だけとなった。相次ぐ肉親や妻の死は、牧野にとって大きな精神的苦痛となったことであろう。

戦局の悪化

戦局の悪化にともなう東条政権打倒工作は、近衛や岡田啓介ら重臣層を中心に、その周辺の政治勢力の動きも活発化させていった。彼らは、一様に重臣や皇族といった権威にすがり、東条を信頼する天皇・木戸内大臣の時局認識を改めさせようと画策していた。

政治工作に利用される

そして、この「権威」者のなかには、重臣たる牧野も含まれていた。前述のように、牧野は、湯浅内大臣時代の後継首班奏請方式の改正検討時に協議への参加を見送られ、改正案の導入後も、同様に扱われていた。しかし、国家指導者層や世論の間でも、牧野は、生存している重臣のなかで筆頭格の存在として認識されており、牧野を利用して天皇や木戸を動かそうとする工作が計画されるようになる。

皇道派の牧野工作

近衛や吉田茂らと結んで政権奪回をめざそうとした真崎甚三郎ら陸軍皇道派は、第一次近衛内閣の真崎恩赦問題で牧野への評価を高めており、牧野を利用しようと接近していった。牧野は、近衛や岡田啓介、幣原喜重郎《しではらきじゅうろう》らが団結すれば協力してもよいという趣旨の意見を語ったようである。この発言をうけ、皇道派は、高松宮や幣原、牧野を経由し、天皇に東条内閣更迭と皇道派系の起用を進言させようとした。

しかし、皇道派は、近衛グループや皇族らの動きに合わさざるをえない弱小勢力であり、また、牧野を経由する工作も手間がかかるという理由から、結局、これを断念することにした（以上『真崎甚三郎日記』六、一九八七年より）。

重臣としての上奏

一九四五年二月、天皇は戦局の悪化をうけて重臣からの意見聴取を希望し、七名の重臣に対して戦争の対応などにつき意見を求めた。牧野は後継首班奏請に参画する重臣ではなかったが、天皇の希望により招かれたのである。

二月一九日、参内した牧野は天皇に拝謁し、自身の見解を披瀝した。まず、牧野は戦局の見通しについて、これを有利に展開させることが先決だと述べ、さらに、国内行政官庁の割拠主義の是正や、悪化する戦局の国内世論への影響を懸念し、思想面での引き締めに注意すべきだと主張した（『木戸幸一関係文書』四九九〜五〇二頁）。

物足りない上奏

牧野の上奏は、有名な近衛の上奏はもとより、岡田啓介や広田弘毅の上奏と比較しても、戦局の現状認識と今後の対応という両面で物足りなさを感じる。退官後、政界の機密情報に接することもなく、戦局の展開も詳知していなかった牧野に的確な発言を求めるほうが酷であろうが、この上奏内容がそのまま牧野の置かれていた政治的位置を表していよう。

側近化工作

牧野自身の政界、側近への復帰の関心とは関係なく、敗戦が近づくと、牧野を側近として再起用しようとする動きが出てくる。その中心は、元宮内次官の関屋貞三郎であり、関屋は牧野とともに側近に奉仕していた鈴木貫太郎へ牧野の側近化を提言しつつ、木戸内大臣や松平宮相ら現役の宮内官僚にも牧野の再起用を訴えていた。

関屋の提言

関屋は、宮内省や内大臣府の機能強化のため、旧側近者の主な者を毎週召集させるよう提言しており、なかでも、牧野の登用を求めていた。関屋は牧野を訪ね、直接、持論を語って奮起を促した。しかし、牧野の反応は、「大体は同意していたようだが、積極的な態度を示すにはいたらず、遺憾なり」（「関屋日記」一九四五年四月一日）と関屋が述べるように、自身から率先して動こうとしなかった。

鈴木による牧野重臣化論

関屋の主張に同調した鈴木貫太郎も、牧野の重臣化を主張した一人であった。鈴木は、小磯国昭《こいそくにあき》内閣総辞職後の後継首班奏請協議の席に枢密院議長として招かれた際、奏請協議システムへの不満を口にし、牧野からも意見を聴取すべきだと訴えた。しかし、後継首班奏請会議を主導する木戸内大臣は、首相経験者で国政にあたった者を構成員としており、牧野をこの協議に参加させることはできないと、これを拒否した。納得できない鈴木は、なおも牧野の協議への参加を求めるとともに、牧野と同等の資格者はほかにはいないと木戸に訴えた。この奏請協議の場では、牧野の重臣化を訴えた鈴木が後継首相として選定され、一九四五年四月七日に鈴木内閣が成立する。

閣僚からの牧野起用論

さらに、鈴木内閣成立後も、牧野を重臣として重用すべきという意見が提唱されていた。鈴木内閣に国務相として入閣した左近司政三《さこんじせいぞう》（予備役海軍中将）は、牧野を重臣に加えて内閣の相談役とし、さらに重要国策の決定時にも参加してもらう戦時内閣論を説き、また、鈴木も、牧野を重臣としての資格で御前会議に出席させようとした（拙著『昭和戦前期の宮中と政治』）。

しかし、いずれも、切迫した状況での制度改革を不可とする意見や関係者の賛同を得られないとの理由から、これらの意見は退けられてしまう。このように、戦争末期、政界やその周辺では、戦争指導体制や側近体制を改めるべく、その中心に牧野を起用して体制の刷新をはかるべきだという声が叫ばれていたのである。

三　疎開と最後の奉公

罹災と柏への疎開

一九四五（昭和二〇）年五月二四日、東京西部方面を襲った米軍の空襲により、渋谷区神山町の牧野の借家も焼かれてしまった。住む場所を失った牧野は、孫娘の秋月英子と結婚していた武見太郎《たけみたろう》（医師）の世話で、いったん千葉県東葛飾郡柏町の木方敬一方に身を寄せ、しばらくすると、同郡田中村十余二《とよふた》（現在の柏市十余二）にある武見の疎開先近くに移った。「関屋貞三郎日記」によると、関屋は、牧野が六月一日に柏へ疎開したと知人から聞いている。以後、牧野は、同地で隠棲生活を送りながら、最期を迎えることとなる。

柏詣で

千葉県柏に疎開した牧野のもとへ、当時の閣僚らが牧野の意見を求めて往来するようになった。整備されていなかった道路には、牧野の疎開先まで砂利が敷きつめられた。武見の回想によると、牧野は、終戦間近に「終戦の方法」や原爆投下後の「早期講和」を天皇に進言したという（『武見太郎回想録』）。『木戸幸一日記』によると、たしかに、牧野が八月一〇日に参内し、木戸と会談のうえ、天皇に何事か意見を言上している。

「終戦工作」との関係

ただし、牧野が天皇に話した具体的内容までは不明であり、また、その発言が天皇の政治判断にどの程度、影響をあたえたのかも不明である。ポツダム宣言受諾までの政治過程を論じた研究や残された資料によると、天皇の政治判断に影響をあたえたのは、やはり木戸内大臣からの情報であり、その木戸に情報を提供した近衛や重光葵《しげみつまもる》などの国体護持論（いわゆる「一条件」）のほうが重要であったと思われる。牧野の「早期講和」論が木戸と天皇に伝達されていたとしても、あくまで、両者の決断に影響をあたえる一つの「情報」にすぎなかったのではなかろうか。

敗戦について

牧野は、敗戦を隠棲先の柏で迎えた。明治維新以降、近代国家として発展してきた大日本帝国の繁栄の歴史は、青壮年期を国家に捧げてきた牧野の人生と重なり、その国家の崩壊は、牧野を大いに落胆させた。しかしながら、牧野は、日本全体が敗戦によって慨嘆しているなかにあって、いち早く復興に向けて歩みださねばならないと高調していた。

国家再建を高調

この点につき、敗戦後に書かれた牧野の書簡には、敗戦を嘆く世論に対し、「気分を改めて現実に目覚めるべきで、過去の事は歴史家の批判に任せ、今後は国家の建て直しに専念し、邁進すべきだ」「実に憤慨すべきことだが、ポツダム宣言を履行しない限り、どうしようもない」（「牧野伸顕文書」二五八―一八）という心情を書きつらねている。

宮中の危機

牧野が指摘するように、日本再建のためには、敗戦国としての義務、すなわち、ポツダム宣言を履行していくよりほかなかった。そして、ポツダム宣言は、日本の軍国主義の一掃と民主化を求めており、天皇制という国家体制そのものの改革をめざすという方針であった。もちろん、皇室や宮中も例外ではなく、天皇をはじめ、宮内官僚らには厳しい環境が待ち構えていた。このほか、近く開廷される戦犯裁判において、「統治権の総攬者」として国家元首の地位にあった天皇がどう処遇されるのかも、側近にとっては悩みの種であった。

宮中首脳の退陣

本来ならば、このような皇室・宮中の危機に際し、戦時中から宮中の職務を主導してきた首脳陣、木戸内大臣、石渡荘太郎《いしわたそうたろう》宮相、藤田尚徳《ふじたひさのり》侍従長らが先頭に立って対応せねばならなかったのだが、彼らは戦犯逮捕令や公職追放に該当したため、相次いで辞職していくこととなる。とくに、天皇の政治的機能を支え、重要な政治情報を管理してきた内大臣府が一一月二日に廃止され、木戸も戦犯逮捕処分をうけたことで、宮中は、組織と人の両面から危機的な状況を迎えてしまったのである。

旧側近者の起用案

未曾有の危機に瀕した宮内官僚は、皇室・宮中改革の諸問題を処理するにあたり、昭和初期に側近奉仕していた人々に助言を求めていった。なかでも、彼らが頼りにしたのが牧野であった。木下道雄《きのしたみちお》侍従次長や加藤進《かとうすすむ》（宮内省総務局長、のち宮内次官）ら現役の宮内官僚は、内大臣府の処遇や側近人事、地方巡幸の是非など重要な検討事項につき、柏の牧野のもとを訪ね、意見を徴して参考に供していた。

天皇の後継首班奏請論

そして、天皇も、いまだ牧野に信頼を寄せていた。内大臣府廃止後の後継首班奏請システムをどうするかという問題につき、天皇は信頼する重臣に意見を求めたいと語り、具体的に、岡田啓介、米内光政《よないみつまさ》、木戸幸一、阿部信行《あべのぶゆき》、そして牧野と、五名の名前をあげた。天皇が希望したシステムは、輔弼責任を負う両院議長や枢密院議長への諮問ではなく、戦前に牧野が理想としていた重臣への意見聴取方式であった。また、天皇は、各重臣への連絡方法にも言及し、「柏にいる牧野への連絡は難しいのでは」と述べている（木下道雄『側近日誌』文藝春秋、一九九〇年、一九四五年一一月三〇日）。

天皇の希望をうけ、石渡宮相ら側近首脳が協議した結果、松平康昌（内記部長）が日頃から各重臣と接触し、その意見を徴していくこととした。この後、松平から牧野のもとに近況を知らせる書簡が届くようになる。

枢密院議長への起用案

さらに、天皇は、新憲法や皇室制度改革などを協議せねばならない重要な時期に、牧野を枢密院議長にすえ、審議のまとめ役として起用しようとした。枢密院議長ならば、毎週一回、定期的な天皇との顔合わせの機会もあり、天皇や側近は、牧野に対して種々の相談を諮ることができる。しかし、牧野は、この要請について、高齢と持病を理由に断っている。

移住計画

天皇や側近首脳、吉田茂らの政治家は、牧野を相談役として頼み、その豊富な知識と経験に援助を乞うていた。しかし、なにぶん、牧野は柏に疎開中であり、東京と隣接しているとはいえ、往復するとなると、かなりの時間を要した。そこで、側近首脳や吉田らは、牧野を上京させ、身近な場所に移住させようと計画した。

とくに、吉田は、何度も上京を促す書簡を牧野に送っており、老齢で持病を抱えた牧野のため、看病にあたる医者と看護婦も同居できる住宅を手配しようとしたこともあった（柴田紳一編『吉田茂書翰追補』中央公論新社、二〇一一年、一四三頁）。

上京を拒否

吉田や周囲の者から執拗に上京を要請されても、牧野は、疎開先である柏の地を離れようとしなかった。その理由は、まず、老齢と持病という健康問題にあった。牧野が一九四六年に記した覚書のなかに、宮中から天皇のお側にという声もあるが、持病のため外出もほとんどできない状態なので、希望に添えず申し訳ないという趣旨の言葉が残されている（「牧野伸顕文書」C二一六）。牧野は、占領期の皇室・宮中改革への対処は、現役の宮内官僚にとっても激務であり、外出にも支障をきたすような身体で天皇や側近を支えることはできないと判断したのである。

再起用を忌避

しかし、健康問題への不安は表向きの理由であり、上京をためらう牧野の真意は、隠居の身から再び側近奉仕することへの躊躇の念にあったと思われる。牧野は、戦時中、元部下の関屋貞三郎から側近奉仕を要請された際にも、その進言を聞き流していた。なお、関屋は、敗戦直後にも、牧野や自身を含む旧側近者を宮中の顧問役として登用する案を提案し、現役の側近首脳に打診している。

若い者の時代

このように、牧野は周囲からの側近奉仕の勧説に、消極的な姿勢を貫いていた。牧野は、内大臣退官の頃から、「もうこれからは若い者の時代なのだ」と口癖のように語っており、もはや公職に就く気などなかったのであろう。ただし、皇室や天皇を守るためにも、天皇や側近から助言を求められれば、率先して自分の経験談や見解を伝え、支援していくことにやぶさかではなかった。

吉田茂の政界進出

戦後、牧野の身辺で起こった最大の話題は、女婿吉田茂の政界進出であろう。一九四六年の総選挙後、自由党総裁への就任を要請された吉田は、その是非につき牧野にも相談した。牧野は吉田の政界入りに反対したものの、吉田は、牧野や周囲の反対の声を押しきって自由党総裁の座に就き、その後、首相まで務めることとなる。

吉田への助言

吉田の政界入りに反対していた牧野であったが、吉田が組閣する段になると、「政党人ばかりでなく、学者や専門家の意見を聞いたうえで政策を立案し、施政にあたるべきだ」と助言した。戦中期から、武見太郎を通じて学者と知り合うことになった牧野は、吉田にも学者の専門的な意見を参考にするよう説教したのであり、吉田はこの助言を実行し、以後、学者や専門家を閣僚、ブレーンに起用していくこととなる（『回想十年』一、二九九頁）。

天皇処遇問題への懸念

身内の出来事を別とすると、戦後における牧野の最大の関心事は、やはり皇室と天皇の処遇問題であった。一九四六年五月二九日、ＧＨＱで憲法問題担当政治顧問を務めるノースウエスタン大学教授のケネス・コールグローブ（Kenneth Colegrove）が、旧知のグルー元駐日米大使の紹介状を携え、柏にいる牧野を訪ねてきた。席上、コールグローブは、国務省で天皇制存続を主張してきたグルーの奮闘ぶりを伝えるとともに、グルーの日本の憲法政治への理解は、牧野からの示唆によって形成されたものだという意見を付け加えた（井口治夫「Kenneth Colegrove and Japan 1927–1946」『同志社アメリカ研究』第四三号、二〇〇七年）。

グルーの意見を天皇へ伝達

コールグローブの話に感動した牧野は、天皇にこの情報を伝達することにした。同時に、貴重な情報を直接、天皇に届けさせるべく、牧野は、吉田茂や松平康昌（宗秩寮《そうちつりょう》総裁）へコールグローブの天皇謁見を依頼した。その結果、七月一二日にコールグローブは天皇に拝謁し、牧野に語ったグルーの話のほか、現在の占領状況や進行中の憲法改正問題などについても意見を交わした。天皇は、コールグローブに穏健な占領政策を主張してくれたグルーへの感謝の念を伝えた。

衰えぬ牧野の存在価値

この会見により、天皇や側近は、アメリカ政府内でグルーら天皇制存続を主張するグループの存在を知りえたのであり、皇室にとって朗報ともいえる情報にかすかな安堵を覚えたことであろう。「親英米派」牧野とグルーとの交友関係が、戦後の天皇制処遇問題についても、少なからぬ影響をおよぼしたのである。いまだ、牧野の存在価値は衰えていなかった。

天皇退位に否定的

また、牧野は、戦犯裁判に関係する天皇の戦争責任問題についても、国内で道義的責任をとる形式での天皇退位論が叫ばれるなか、これに反対の意見であった。幣原内閣で文部大臣を務めていた安倍能成《あべよししげ》が一九四六年二月に柏の牧野を訪ね、天皇退位問題について意見をうかがった。牧野は、「今、皇太子殿下が即位するのはいかがか」と返答し、さまざまな問題が生じてくるであろうことを示唆し、暗に退位論に反対した。牧野の退位反対論をうけ、退位論を支持していた安倍は考えを変えたという（安倍能成『戦後の自叙伝』新潮社、一九五九年）。

木戸の弁護

さらに、牧野は、天皇の免責工作の一環として、内大臣としての戦争責任を問われていた元部下・木戸幸一の無罪を立証するため、口供書の作成に協力している。粟屋憲太郎氏の研究によれば、木戸の無罪主張は天皇の免責と関連しており、木戸は、徹底して個人弁護に終始したのである（粟屋憲太郎『東京裁判への道』上、講談社選書メチエ、二〇〇六年）。また、周囲の者たちもその意図を汲み、木戸の弁護のために協力したのであり、牧野もその一人であった。

木戸の弁護活動を取りしきった息子の木戸《きど》孝彦《たかひこ》は、証人のなかでもっとも重視していたのが牧野であったと語っている。孝彦は、一九四七（昭和二二）年二月末と三月初旬の二回にわたって牧野を訪ね、父の弁護について協力を求めている。

口供書の趣旨

牧野の口供書には、自身の経験談を交えながら、内大臣が政治に介入することはなかったという役職面での公平性を主張するとともに、木戸個人についても、「立憲主義を尊重して、軍国主義や侵略主義を支持したことは絶対にないと信じる」（木戸日記研究会編『木戸幸一日記　東京裁判期』東京大学出版会、一九八〇年、三八七頁）と、弁護の言葉が盛りこまれている。しかし、牧野の口供書は裁判所から却下されてしまい、木戸の弁護に寄与することはなかった。

皇太子に懐旧談を語る

一九四八年二月二八日、上京してきた牧野は、皇太子明仁《あきひと》親王と昼食をともにし、三時間あまりにわたって、「幕末の外交談や自身のアメリカ留学談、欧米の政治家の論評など」（穂積重遠著／大村敦志校訂『終戦戦後日記』有斐閣、二〇一二年、一六二頁）について懐旧談を語った。話の内容からして、今後における国際関係の重要性を将来の天皇となる身の皇太子に伝えようとしたのであろう。

保守的な改革案

このほか、皇室・宮中の改革についても、天皇や側近の顧問役として期待されていたことはすでに述べたとおりである。皇室処理問題や宮中改革に関する牧野の対処法を概観すると、明治憲法体制という大枠から逸脱しない修正を求めており、天皇の考えと近いことがわかる。この点、現役の宮内官僚は、牧野や天皇の希望する理想論とは別に、皇室の民主化を要求してくるＧＨＱや日本政府の担当者らと接触するなか、現実的な妥協点を探らねばならなかった。

牧野の懸念

そのため、牧野と現役の宮内官僚との間には、宮中改革をめぐる意見の相違が生じてきてしまう。宮中改革について、牧野の懸念する点は、組織や人事をめぐる宮中の独立性が損なわれることであった。実際、ＧＨＱの民政局では、宮中も議会の権限のもとに置こうと考えており、宮内省を内閣の一部局とし、宮内官僚についても、公的な職務に従事する「公務員」としての性格を強めようとしていた。

宮内府

そして、一九四六年一一月三日に日本国憲法が公布されると、宮中の組織も再編され、規模縮小と人員整理のうえ、新しく宮内府《くないふ》となることが決まった（新憲法施行後に発足）。しかも、宮内府の性格は、明治憲法下の宮中と異なって国家行政の一機関となり、皇室の公的事務を扱う役所として位置づけられることとなった。

人事の件で忠告

宮中を取り巻く環境は、牧野の心配する方向へとすすみつつあった。たまりかねた牧野は、松平恒雄《まつだいらつねお》（元宮相）を介して、松平慶民《まつだいらよしたみ》宮相に、「宮内府が政府の一部局となると、宮内官の人事権が政府に移行してしまい、天皇の希望しないような人事異動が起きるのではないか」（「牧野伸顕文書」二七三―二）という懸念の声を伝えた。

松平恒雄は、牧野からの言葉を松平宮相に伝えたものの、楽観的に構えている様子だったので、さらに、吉田首相にもこれを伝達した。義父の憂慮する点を聞いた吉田は、

GHQ側との機微な交渉経緯を知らない牧野へ宮中組織再編のやむなき事情を伝え、政府と側近らの方針に理解を求めようとした。

その後、宮内官僚の人事権に対する牧野の不安は、現実の問題となってしまう。それは、一九四七年の総選挙の結果によって誕生した片山哲《かたやまてつ》内閣、芦田均《あしだひとし》内閣の中道政権によって引き起こされる。

側近首脳更迭に反対

片山、芦田の中道政権は、皇室の民主化を求めるGHQの意向にもとづき、松平慶民宮内府長官と大金益次郎《おおがねますじろう》侍従長の更迭を計画した。側近首脳の更迭は、一九四八年三月に成立した芦田内閣のもとで本格的に進展していくのだが、天皇をはじめ、側近首脳、保守的政治家らは、これに強く抵抗した。牧野もまた、芦田首相による側近首脳の更迭を天皇の人事権を犯す行為だとみなし、政府の措置に反対であった。松平長官は、牧野の意見を芦田首相に伝え、天皇周辺の強い反感を示しつつ、更迭の翻意に期待した。

芦田の反論

芦田は、牧野の主張に「忠誠の念からであろうが、結果としてどうだろうか」（進藤榮一編『芦田均日記』二、岩波書店、一九九一年、一九四八年四月一三日）と反応し、両者間の宮中改革案の違いが鮮明となった。つまり、新憲法に即応した宮中へと衣替えをはかろうとする芦田に対し、天皇や牧野を含む保守層は、旧体制の維持を模索していたのである。

芦田政権への不満

芦田内閣の施政は、皇室の伝統を守ろうとする牧野にとっても容認しがたいものであった。牧野のもとには、芦田内閣を評した「GHQの指示ならば何でも丸呑みし、日本の立場や事情についてまったく説明しようとしない」（『小山完吾日記』三一六頁）という情報がもたらされており、牧野自身もそう感じていたはずである。

新しい側近首脳

一九四八年六月、芦田内閣はGHQ民政局の権威を背景に、側近首脳の更迭を断行した。牧野が心配していたように、外部から起用した田島道治《たじまみちじ》宮内府長官と三谷隆信《みたにたかのぶ》侍従長の新首脳コンビとの関係をいかに構築していくか、天皇と宮内官僚らは、大きな課題を突きつけられたのである。

しかし、天皇や牧野らの不安は杞憂に終わった。側近となった田島と三谷は、天皇や周囲の宮内官僚と接して宮中の事情を理解すると、以前までの天皇退位論を改め、退位反対論を主張していく。そして、前任の松平慶民・大金益次郎の首脳コンビと同様、戦犯裁判や退位問題の処理にあたり、旧側近者にも援助を求めていく。

田島長官との関係

田島は、参議院議長に就任した松平恒雄を介して牧野にも接近し、戦犯裁判や退位問題などにつき、意見を交わしている。一九四八年一一月二八日に田島が牧野のもとを訪ねた際には、「裁判関係のこと、キーナンのこと」（加藤恭子『田島道治』TBSブリタニカ、二〇〇二年）などを伝えている。

キーナン（Joseph B. Keenan）首席検察官は、この直前に天皇不訴追の経緯や理由をメディアに公表し、二四日には皇居に天皇を訪ね、昼食をとりながら会見している（『朝日新聞』一九四八年一一月一三日、同二五日、『読売新聞』同一一月二一日、二五日）。また、田島は一一月一二日付でマッカーサーに宛てて、天皇の不退位の決意を記した書簡を送っている。おそらく、田島は、これらの経緯をすべて牧野に話したものと思われる。

危機を脱する

牧野にとって、戦後、最大の懸案事項であった天皇の処遇問題は、何とか危機を脱しようとしていた。牧野は心から安堵したに違いない。牧野と田島との付き合いは、田島の宮中入り後、わずか半年間ほどでしかなかったが、天皇処遇問題で奮闘する田島の姿勢を牧野は評価していた。牧野亡き後、長男の伸通が田島を訪ね、「いつも田島とは意見が一致し、肝胆相照らす仲であった」（加藤恭子『田島道治』）という、生前の牧野の言葉を伝えている。

晩年の隠棲生活

最後に、疎開後における牧野の普段の生活を紹介しておきたい。牧野は、柏の家の二階で生活し、寒がりなため毛布や膝掛けにくるまって椅子に腰掛け、終日、動かなかったという。食事も配給された物が中心で、柏周辺で採れた野菜を足してまかなっていた。

元側近者としては、かなり質素な生活を送っていた様子がうかがわれる。

疎開先での質素な生活については、幼少期の郷中教育で質素倹約を尊ぶ精神を学んできたことのほか、「為政清明《いせいせいめい》」（政をなす者は清らかであれ）をモットーとした父の利通や金銭に執着しない伊藤博文の姿勢に感化されたように思われる。

弱る身体

晩年の牧野

『アサヒグラフ』（第49巻第1号，1948年1月7日発行）に掲載.

牧野の神経痛とじんましんの持病は、老齢と柏での厳しい生活環境によって悪化していった。一九四八年の秋になると神経痛がひどくなり、痛みが治まっている時でも疲れ果て、口も聞けないほどであり、冬には、寝たきりの状態となってしまう（吉田健一「晩年の牧野伸顕」）。

最後の刻

一九四八年冬に寝たきり状態となった牧野は、翌一九四九（昭和二四）年一月一四日から病状が悪化し、二三日には肺炎を発して危篤に陥った。牧野危篤の報をうけ、同日午後には女婿の吉田首相が見舞い、翌二四日には天皇からの見舞いとして、侍従が差遣された。この両日は、ひどく苦しんでいたという。そして、二四日の夜に穏やかに寝つき、翌二五日、一度目を覚ました後の午前九時半、ぜんそく性心臓衰弱により、牧野は八七歳の生涯を閉じた（『朝日新聞』一九四九年一月二四日〜二五日）。

臨終の言葉

臨終の際、牧野は世話にあたっていた純子（伸通の妻）らに、「いろいろお世話になってありがとう、世のなかで一番難しいことは無私になることであり、自分は悪いことをしなかった」と、最後の言葉を述べた。牧野の言葉に、純子が「教訓はよく分かりました、おじい様はえらい方でした」と返すと、牧野はうなずいて苦笑したという（中谷宇吉郎「牧野伸顕氏の思出」）。

この牧野の最期の様子は、晩年、牧野と親交のあった物理学者の中谷宇吉郎《なかたにうきちろう》が純子より聞いた話であり、ほぼ同様のことは、吉田茂の回想にも記されている。今、この言葉の一言一句を資料上から確認することはできないが、もし、牧野がそのように最期の言葉を発したとすれば、それは、純子ら残された家族への言葉であると同時に、今は亡き父利通、利和、利武ら兄弟への言葉であったようにも感じられる。

青山霊園に眠る

牧野死去の報をうけた宮中では、同日、牧野の追陞《ついしょう》を決定し、翌二六日には差遣さ

吉田茂の碑文

牧野伸顕の墓（著者撮影）

れた勅使が柏に到着して、牧野の遺骸を前に従一位に叙せられたことを報告した。牧野の遺骸は柏の斎場で火葬された後、遺骨を父や兄弟の眠る青山霊園に納めることとした。遺骨を乗せた車は、青山霊園に向かう途中、宮内府の取り計らいで回り道をして皇居の前を通り、天皇に最後の別れを告げた。

　青山霊園にある牧野の墓には、吉田茂の記した碑文が彫られている。漢文でわずか三六〇字の碑文には、牧野の生涯を簡潔にまとめながら、重臣として国家に仕え、皇室の存続にも寄与したことを讃える文章が添えられている（栗原健「吉田茂謹誌『伯爵牧野伸顕夫妻墓碑』

について」)。

吉田茂の義父

大久保利通の次男として、明治から昭和戦前期の国家に多大な功績を残してきた牧野の死を報じる新聞記事は、小さな顔写真入りで、わずか一段十数行の扱いであった。死を伝える記事の最後には、牧野の略歴を紹介して、「吉田首相の義父に当る」(『朝日新聞』一九四九年一月二六日)と記されている。すでに、メディアや世間における牧野の印象は、「牧野の女婿である吉田首相」ではなく、「吉田首相の義父」となっていた。

過去の人へ

また、吉田健一の談によると、牧野のもとには、親英米派で民主的政治家の象徴たる牧野の噂を聞きつけた外国メディアの特派員が取材に駆けつけてきたものの、日本の新聞記者は柏までの交通の便の悪さを忌避してか、ほとんど訪れなかったという。吉田も、この点を評して、「牧野さんがその頃は既に、過去の人間と見られていたからだった」と語っている(吉田健一「晩年の牧野伸顕」)。牧野の功績を思えば、いささか寂しい印象もうけるが、激動の時代から平和な時代へという世の移り変わりを象徴するようなメディアの扱いであったともいえる。

おわりに

明治、大正、昭和を生き抜いた政治家であり、天皇の側近でもあった牧野伸顕とはどのような人物だったのであろうか。本書を通じて、その生涯を紹介してきた。おわりに、冒頭で述べた牧野の人物評価に対する私なりの答えを示しておきたい。

牧野に対する一般的な評価を知るうえでは、彼に仕えた木戸幸一の牧野評がもっとも適当なものだと思われる。なぜなら、木戸は一時、内大臣秘書官長として牧野に仕えたが、その後は、挨拶程度の会話をこなすものの、それほど親しい間柄であったわけでなく、また、世代が異なることもあり、牧野と相容れない思想や信条を抱いていたことなど、牧野を一人の人間として、客観的に観察することができたからである。

その木戸は、牧野と西園寺を「とくにずばぬけていた」と、最大級の言葉で評価している。数多くの政治家や官僚、軍人など、国家指導者レベルの人々と接した木戸が、戦後の談話のなかで、牧野と西園寺には批判的な言葉を一切発していないのである。木戸にいわせると、牧野は、「頭が柔軟で、非常に話しやすい雰囲気を持っていた人物」であった。

牧野の見識の広さや知識の豊富な点は、牧野と接した人が異口同音に述べるところである。この点は、近代日本の中央集権体制が整備されない時期に牧野が登場してきたことに起因するように感じられる。牧野の政官界における経歴は、外交官に始まり、太政官（中央政府）、地方長官（県知事）、駐在公使、そして国務大臣と、国内外で重要な役職につき、その仕事内容も、当時の国家が抱える重要問題を最先端で担ってきたのである。ここに、少年時代のアメリカ留学の経験を加えると、牧野の知識と経験はかなり重宝すべき程度にまで達していたといえよう。

このような成長過程は、当時、元老となった人々にもみられた光景であるが、牧野より後の世代には、高等文官試験が導入されて官僚の専門化がすすみ、また、大臣ポストも政党の成長により、政党政治家がその主力を占めるようになる。すなわち、官僚も政治家も専門職として、その領域が確立されるようになると、幅広い経歴を積めなくなるのである。

幸いなことに、牧野は、高等文官試験制度の導入前に官僚となり、内政、外交にわたって様々な仕事に従事することができた。そして、三度におよぶ国務大臣職をこなし、宮相に就任する頃には、政界でもその名前が轟くほどになっていた。

牧野が中央の政官界に登場するにあたっては、何といっても、大久保利通の遺子という出自が大きく作用していた。とくに、明治期において、牧野の仕事を斡旋してくれた人々は、岩倉具視、伊藤博文、井上馨、松方正義、西園寺公望ら、そうそうたるメンバーであり、これら元勲の庇護のもと、牧野は中央の政官界で働くことができたのである。

ただし、牧野は、「親の七光り」だけで漫然と時を過ごすことをよしとしなかったし、周囲の者も牧野の力量を認めたため、つぎつぎと要職があたえられていった。大久保利通の遺子としてデビューした牧野は、いつしか、個人の才能により政官界で確固たる地位を築くにいたった。そういう意味では、維新の元勲らの子弟で、牧野と同様、最初の職をあたえられたものの、その後、牧野ほど名前をはせた者がいなかったことを考えると、いかに、牧野が自身の才能によって立身出世していったか納得できるであろう。

また、馬場恒吾のいう「大久保利通ほど天下を敵として戦い、積極的に働きかけることも少ないが、消極的に自分の所信を守ることにおいて勇気がある」という人物評についていえば、牧野は「積極的に働きかける」ことをしなくてもよかったのである。なぜなら、牧野が生きた時代には、尊敬する父の利通や西郷隆盛、伊藤博文ら維新の功臣によって築かれた国家体制（天皇を中心とする「大日本帝国」そのもの）が成立しており、牧野の使命とは、この国家体制を守り抜くことであったからである。

父の利通は、いまだ前近代的な封建体制下にあった日本を欧米に倣って近代国家へと転換させるため、古い慣習や勢力を「敵として戦い、積極的に働きかける」必要があったのとは対照的に、牧野の場合は、既存の国家体制を攻撃する動きに対処し、また、体制の枠内で生じた諸問題を解決するため、「消極的に守っていく」必要に迫られていた。親英米派としての外交思想や「人心安定・秩序保持」を最優先する信条、そして、慎重な性格も、国家を守り抜いていくための盾だったのである。

この点をうまく表現しているのが、孫の吉田健一の牧野評である。吉田いわく、「牧野さんと、牧野さんが生きている時代の食い違いは、満州事変が始った頃から急に目立つようになった」。ここで、吉田のいう「牧野さん」とは、「明治維新以後の幾多の困難を除去して実現された一つの正銘の理想としての近代日本」をさしている。別の言葉では、「その日本は牧野さんがその生涯を通して徐々に築かれて行くのを見たもの、また、その形に自分自身が始終添っていたものだった」(吉田健一「牧野伸顕　或る自由主義者の足跡」)とも表現している。

吉田の牧野評は、さすが文学者だけあって、正鵠を射た名文である。戦後、柏にいる牧野を訪ね、長時間にわたって本人から聞き取り作業を行った吉田の牧野評と、今日、史料にもとづく実証的な作業によって到達した私の牧野評は、同じ結論にいたった。牧野の人生とは、父によって生みだされた国家、とくに皇室を守り抜くことだったのであり、実際、牧野は、長年にわたって側近に奉仕し、さらに、敗戦後も弱った老躯をおして皇室のために尽力した。

牧野自身は、もう少し早く隠居し、趣味の世界を満喫したかったように感じられる。家族や親族をはじめ、交流のあった文学者や科学者らとの団欒では、牧野の楽しそうな様子が紹介されている。しかし、晩年、側近や大臣が疎開先の柏まで意見を聴取しにくるなど、牧野の完全な引退は、その死にいたるまで、ついに訪れなかった。牧野の卓越した知識と経験を時代が求めていたともいえる。

後世に残る印象として、時代を切り開いた変革者のほうが認知度でまさるのは当然であり、大久保利通をふくむ維新三傑、そして、戦後の民主国家日本の礎を築いた吉田茂、マッカーサーも現代における「歴史的有名人」である。

いっぽう、牧野のような時代や体制の守護者は、守旧的な歴史人として、新しい時代の谷間で取り残されてしまい、後世への認知度も低くなってしまうのである。だからといって、牧野の事績が利通や吉田茂に劣るということにはならない。牧野には、どこか人生を達観していたような節がある。父の暗殺にはじまり、母の早死、娘二人に先立たれ、自身も二・二六事件では命の危険にさらされた。一見、波瀾万丈ともいえる人生だが、牧野の生き様には、そのような苦悩が表れてこない。大久保一族や家族の結束のもと、牧野は、時代に乞われるまま、恬淡として人生をまっとうしたのである。

本書で描いてきた牧野の一生は、歴史的に見過ごされがちな時代の一面を紹介することになったはずである。そういう意味では、牧野伸顕は、たんに、「大久保利通の子であり、吉田茂の岳父であった」ことにとどまらず、近代国家日本のために尽力し、身を捧げた人物であったといえよう。

本書の最後を締めるにあたり、牧野が敗戦にいたった要因としてあげた、日本国民の政治への関心の希薄さと国際事情に乏しいこと、政府への監視の不足という点を指摘しておきたい。再び、あの惨状を繰り返さないためにも。

略系図

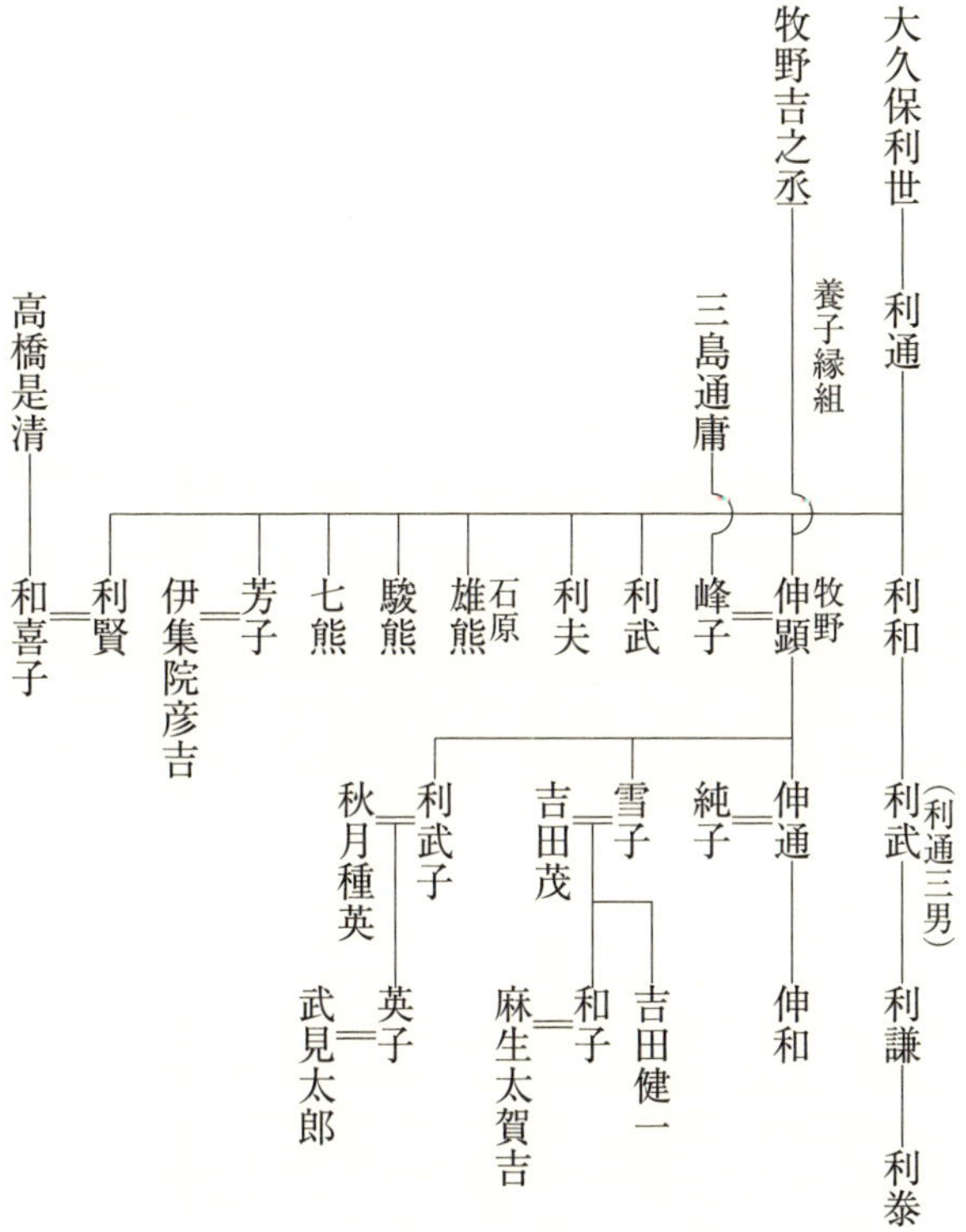

大久保利世
利通
利和
利武（利通三男）
利謙
利泰
牧野吉之丞
養子縁組
牧野伸顕
伸通
純子
伸和
雪子
吉田茂
吉田健一
和子
麻生太賀吉
利武子
秋月種英
英子
武見太郎
三島通庸
峰子
利武
利夫
石原雄熊
駿熊
七熊
芳子
伊集院彦吉
利賢
和喜子
高橋是清

略年譜

年次	西暦	年齢	事蹟	参考事項
文久 元	一八六一	〇	一〇月二二日、鹿児島県加治屋町下加治屋に生れる（父大久保利通・母満寿子の次男）、幼名は伸熊 出生後、親戚の牧野家の養子となる	
二	一八六二	一		三月、島津久光の上京に父利通が従う〇八月二一日、生麦事件
三	一八六三	二	七月、大久保利通一家が新照院の新邸に転居〇この年に養父の牧野吉之丞が亡くなる	七月、薩英戦争
慶応 三	一八六七	六	この頃から新照院郷中にて教育をうける（数え年で一〇歳になる頃からは、造士館でも教育をうける）	一〇月一四日、大政奉還〇一二月九日、王政復古の大号令
明治 四	一八七一	一〇	一月二日、父利通、兄利和とともに鹿児島を離れ上京の途にでる〇一一月、岩倉遣欧使節団に留学生として随行する	七月一四日、廃藩置県〇一一月、岩倉遣欧使節団
五	一八七二	一一	アメリカの学校に留学する	
七	一八七四	一三	秋、アメリカより帰国、鹿児島へ帰省後、母や兄弟をともない上京〇東京開成学校に入学する、こ	五月、台湾出兵

一〇	一八七七	一六	の頃、牧野是利と称する	二月、西南戦争勃発
一一	一八七八	一七	五月一四日、父利通が暗殺される○一二月七日、母満寿子が病死する○この頃、牧野伸顕と改称する	
一二	一八七九	一八	一二月一一日、外務省御用掛となる（東京大学を中退する）	一〇月、侍補制度の廃止
一三	一八八〇	一九	三月九日、外務省書記生となり、イギリス公使館勤務を命ぜられる	
一五	一八八二	二一	三～四月頃、イギリスを訪れた伊藤博文の知遇をえる	二月、伊藤博文らが憲法調査のため渡欧
一六	一八八三	二二	一〇月一四日、帰国する○太政官権少書記官となる	
一八	一八八五	二四	二月、伊藤博文に随行し北京に行く○一二月二三日、法制局参事官となる	四月一八日、天津条約締結○一二月二二日、内閣制度発足
一九	一八八六	二五	五月二六日、兵庫県大書記官となる	
二〇	一八八七	二六	七月二三日、三島通庸の次女峰子と結婚する	一二月二六日、保安条例公布
二一	一八八八	二七	五月五日、総理大臣（黒田清隆首相）秘書官となる	四月三〇日、黒田清隆内閣成立
二四	一八九一	三〇	八月一三日、福井県知事となる	五月一一日、大津事件
二五	一八九二	三一	一一月一六日、茨城県知事となる	
二六	一八九三	三二	三月一〇日、文部次官となる	三月七日、井上毅が第二次伊藤内閣

明治二七	一八九四	三三		の文相となる 七月、日清戦争○一〇月三日、西園寺公望が文相となる
三〇	一八九七	三六	五月二五日、イタリア公使となる	
三二	一八九九	三八	五月二日、オーストリア公使（兼スイス公使）となる	
三五	一九〇二	四一	春に一時帰国する（翌年秋に帰任する）	一月三〇日、日英同盟締結
三九	一九〇六	四五	三月二五日、帰国する○三月二七日、文部大臣に就任する	一月七日、第一次西園寺公望内閣成立
四〇	一九〇七	四六	一〇月二五日、第一回文部省美術展覧会（文展）を開催○一一月四日、男爵を授けられる	
四一	一九〇八	四七	七月四日、第一次西園寺内閣総辞職（同月一四日、文相を辞任）	
四二	一九〇九	四八	一一月一七日、枢密顧問官となる	一〇月二六日、伊藤博文が暗殺される
四四	一九一一	五〇	八月三〇日、農商務大臣に就任する	八月三〇日、第二次西園寺内閣成立
四五 大正元	一九一二	五一	一二月五日、第二次西園寺内閣総辞職（同月二一日、農商務相を辞任）	七月三〇日、明治天皇死去○一二月五日、二個師団増設問題により、第二次西園寺内閣総辞職
二	一九一三	五二	二月二〇日、外務大臣に就任する	二月二〇日、第一次山本権兵衛内閣成立

三	一九一四	五三	三月二四日、第一次山本内閣総辞職（四月一六日、外相を辞任）○三月三一日、貴族院議員に勅任される	三月二四日、シーメンス事件により、第一次山本内閣総辞職
六	一九一七	五六	六月六日、臨時外交調査委員会の委員となる	三月、ロシア革命（三月革命）○一一月、一一月革命
七	一九一八	五七	一一月二七日、パリ講和会議全権に内定する	八月、シベリア出兵○九月二九日、原敬内閣成立
八	一九一九	五八	一月、パリ講和会議に次席全権として参加する	一月一八日、パリ講和会議開幕
九	一九二〇	五九	六月、次女の秋月利武子が亡くなる○九月七日、子爵に陞爵される	
一〇	一九二一	六〇	二月一九日、宮内大臣に就任する（これにより、そのほかの公職をすべて辞任する）○この頃、鎌倉二階堂の地に移る	一一月四日、原敬暗殺○一一月二五日、摂政設置
一三	一九二四	六三	七月、創設された日本棋院の初代総裁に推戴される	六月一一日、第一次加藤高明内閣成立（護憲三派内閣）
一四	一九二五	六四	三月三〇日、内大臣に転任する○四月九日、伯爵に陞爵される	四月二二日、治安維持法公布○五月五日、普通選挙法公布
昭和三	一九二八	六七	六月、弟の利武が大久保侯爵家を継承する	六月四日、張作霖爆殺事件
四	一九二九	六八	六月二七日、張作霖爆殺問題の処理をめぐり、天皇が田中義一首相を叱責する	七月二日、田中内閣総辞職、浜口雄幸内閣成立
五	一九三〇	六九	四月以降、加藤寛治軍令部長の帷幄上奏を阻止し	四月二二日、ロンドン海軍軍縮条約

			たとのデマが流れだす	調印
昭和六	一九三一	七〇	一一月一九日、天皇の行幸に供奉し、久しぶりに鹿児島に帰省する	九月一八日、柳条湖事件
七	一九三二	七一	五月一五日、五・一五事件で内大臣官邸に襲撃をうける	五月一五日、五・一五事件○九月一五日、「満州国」承認
九	一九三四	七三	一〇月三〇日、木戸幸一秘書官長に初めて辞意を伝える	七月八日、岡田啓介内閣成立
一〇	一九三五	七四	一二月二六日、内大臣を辞任する（後任は斎藤実）	二月以降、国体明徴運動がさかんとなる○五月、華北分離工作
一一	一九三六	七五	一月二〇日、帝室経済顧問となる○二月二六日、湯河原で湯治中、二・二六事件により襲撃をうける○この頃、渋谷区神山町の地に移る	二月二六日、二・二六事件
一二	一九三七	七六	一一月一日、兄弟や親族から喜寿の祝いをうける	七月七日、盧溝橋事件○一二月一三日、南京占領
一五	一九四〇	七九	一月一五日、特旨により宮中杖を許される	九月二七日、日独伊三国軍事同盟締結○一一月二四日、西園寺公望死去
一六	一九四一	八〇	一〇月七日、長女の吉田雪子が亡くなる	一二月八日、日米開戦
一九	一九四四	八三	九月四日、妻の峰子が亡くなる	七月一八日、東条英機内閣総辞職
二〇	一九四五	八四	二月一九日、天皇に戦局の今後についてなどを上奏○六月一日、空襲で罹災したため千葉県東葛飾郡柏町へ疎開する（さらに、同郡田中村十余二へ	八月、広島と長崎に原爆投下○八月一五日、玉音放送

			移る）○戦後、天皇や側近らの相談役となり宮中改革などにつき助言をあたえる	
二三	一九四八	八七	天皇から米寿の御下賜品を贈られる	一一月一二日、東京裁判が結審
二四	一九四九		一月二五日、ぜんせく性心臓衰弱により死去（享年八七）○同日、従一位に追陞される	

参考文献

刊行史料類（牧野の名前が頻出するもの）

池田俊彦編『二・二六事件裁判記録』原書房　一九九八年
伊藤隆・広瀬順晧編『牧野伸顕日記』中央公論社　一九九〇年
井上毅傳記編纂委員会編『井上毅傳』史料篇第四　國學院大學　一九七一年
大久保達正監修／松方峰雄ほか編『松方正義関係文書』第七巻　大東文化大学東洋研究所　一九八六年
外務省編『日本外交文書』大正二年第二冊、大正三年第一冊　外務省　一九六四〜六五年
鹿島平和研究所編『日本外交史　パリ講和会議』第一二巻　鹿島研究所出版会　一九七一年
木戸幸一『木戸幸一日記』上・下巻　東京大学出版会　一九六六年
木戸日記研究会編『木戸幸一関係文書』東京大学出版会　一九六六年
倉富勇三郎日記研究会編『倉富勇三郎日記』第一・二巻　国書刊行会　二〇一〇〜一二年
小林龍夫編『翠雨荘日記』原書房　一九六六年
小山完吾『小山完吾日記』慶應通信　一九五五年

下園佐吉『牧野伸顕伯』　人文閣　一九四〇年
尚友倶楽部編『岡部長景日記』　柏書房　一九九三年
尚友倶楽部ほか編『伊集院彦吉関係文書』第一・二巻　芙蓉書房出版　一九九六～九七年
高橋紘ほか編『昭和初期の天皇と宮中　侍従次長河井弥八日記』全六巻　岩波書店　一九九三～九四年
日本史籍協会編『大久保利通文書』全一〇巻　日本史籍協会　一九二七～二九年
　とくに、第四・五巻に、牧野に関する書簡が多数収録されている。
原奎一郎編『原敬日記』全六巻　福村出版　一九六五～六七年
原田熊雄述『西園寺公と政局』全八巻　岩波書店　一九五〇～五六年
原秀男ほか編『検察秘録　五・一五事件』Ⅰ～Ⅲ　角川書店　一九八九～九〇年
原秀男ほか編『検察秘録　二・二六事件』Ⅰ　角川書店　一九八九年
松本剛吉『大正デモクラシー期の政治　松本剛吉政治日誌』　岩波書店　一九五九年
吉田茂記念事業財団編『吉田茂書翰』　中央公論社　一九九四年

未刊行史料

「樺山資英関係文書」　国立国会図書館憲政資料室所蔵
「木戸幸一政治談話速記録」　国立国会図書館憲政資料室所蔵

「倉富勇三郎文書」　国立国会図書館憲政資料室所蔵

「倉富勇三郎日記」に詳細な記述あり。現在、一九二二年分まで翻刻、刊行されている。

「関屋貞三郎文書」　国立国会図書館憲政資料室所蔵

牧野からの書簡多数あり。「関屋貞三郎日記」にも牧野の動向に関する記述が散見される。

「平田東助関係文書」　国立国会図書館憲政資料室所蔵

「牧野伸顕文書」　国立国会図書館憲政資料室所蔵

牧野宛の書簡多数あり。また、牧野に関する諸文書も多数あり。牧野を研究する際には必読の資料群。

「三島通庸文書」　国立国会図書館憲政資料室所蔵

回想・回顧録

麻生和子『父吉田茂』（新潮文庫）　新潮社　二〇一二年

大久保利謙『日本近代史学事始め』（岩波新書）　岩波書店　一九九六年

阪谷芳直「牧野伸顕の風格」（『三代の系譜』）　みすず書房　一九七九年

佐々木克監修『大久保利通』（講談社学術文庫）　講談社　二〇〇四年

武見太郎『武見太郎回想録』　日本経済新聞社　一九六八年

中谷宇吉郎「牧野伸顕氏の思出」（『文藝春秋』第二七巻第四号）　一九四九年

牧野伸顕『松濤閑談』　創元社　一九四〇年

牧野伸顕『回顧録』上・下巻（中公文庫）　中央公論社　一九七七〜七八年
吉田健一「牧野伸顕　或る自由主義者の足跡」（『改造文藝』一九四九年一二月号）　一九四九年
吉田健一「晩年の牧野伸顕」（『文藝春秋』第三三巻第一二号）　一九五五年
吉田　茂『回想十年』全四巻（中公文庫）　中央公論社　一九九八年

研究書・研究論文・人物紹介など

有泉貞夫「田中稲城と帝国図書館の設立」（『参考書誌研究』創刊号）　一九七〇年
伊藤　隆「牧野伸顕」（『近現代日本人物史料情報辞典』第二巻）　吉川弘文館　二〇〇五年
伊藤之雄『昭和天皇と立憲君主制の崩壊』　名古屋大学出版会　二〇〇五年
伊藤之雄『昭和天皇伝』　文藝春秋　二〇一一年
小田部雄次「天皇制イデオロギーと親英米派の系譜」（『史苑』第四三巻第一号）　一九八三年
加藤陽子『昭和天皇と戦争の世紀』　講談社　二〇一一年
河西秀哉「新しい皇室像への宮中の対応」（『二十世紀研究』第一三号）　二〇一二年
栗原　健「吉田茂謹誌『伯爵牧野伸顕夫妻墓碑』について」（『日本歴史』第四五五号）　一九八六年
後藤致人『昭和天皇と近現代日本』　吉川弘文館　二〇〇三年
小宮一夫「山本権兵衛（準）元老擁立運動と薩派」（近代日本研究会編『年報近代日本

研究二〇　宮中・皇室と政治』）　山川出版社　一九九八年
小宮一夫「牧野伸顕」（佐道明広ほか編『人物で読む近代日本外交史』）　吉川弘文館　二〇〇九年
小山俊樹『憲政常道と政党政治』　思文閣出版　二〇一二年
坂本一登「新しい皇室像を求めて」（前掲『年報近代日本研究二〇』）　山川出版社　一九九八年
柴田紳一「吉田茂と三代の系譜」（『國學院大學日本文化研究所紀要』第六五輯）　一九九〇年
勝田龍夫『重臣たちの昭和史』上・下　文藝春秋　一九八一年
千葉功『旧外交の形成』　勁草書房　二〇〇八年
茶谷誠一『昭和戦前期の宮中勢力と政治』　吉川弘文館　二〇〇九年
茶谷誠一『昭和天皇側近たちの戦争』　吉川弘文館　二〇一〇年
茶谷誠一『宮中からみる日本近代史』（ちくま新書）　筑摩書房　二〇一二年
茶谷誠一「宮中勢力による社会経済問題への対応」（粟屋憲太郎編『近現代日本の戦争と平和』）　現代史料出版　二〇一一年
茶谷誠一「敗戦後の「国体」危機と宮中の対応」（『アジア太平洋研究』第三六号）　二〇一一年
永井和『青年君主昭和天皇と元老西園寺公望』　京都大学学術出版会　二〇〇三年
西川誠「大正後期皇室制度整備と宮内省」（前掲『年報近代日本研究二〇』）

波田永実「資料紹介『牧野伸顕関係文書』」（『史苑』第四三巻第一号）山川出版社　一九九八年
馬場明「秋月左都夫の牧野伸顕宛書簡」（『國學院大学大学院紀要』第二一編）一九八三年
馬場恒吾「牧野内大臣論」（同『現代人物評論』）中央公論社　一九八九年
古川隆久『昭和天皇』（中公新書）中央公論社　一九三〇年
細谷千博『日本外交の座標』（中公叢書）中央公論社　二〇一一年
細谷千博『シベリア出兵の史的研究』（岩波現代文庫）岩波書店　一九七九年
松田好史「内大臣制度の転機と平田東助」（『国史学』第一九九号）二〇〇五年
松田好史「内大臣の側近化と牧野伸顕」（『日本歴史』第七四三号）二〇〇九年
松村正義『日露戦争と日本在外公館の〝外国新聞操縦〟』成文社　二〇一〇年
村井良太『政党内閣制の成立一九一八〜二七年』有斐閣　二〇一〇年
山本四郎『山本内閣の基礎的研究』京都女子大学　二〇〇五年
若月剛史「牧野伸顕日記」（御厨貴編『近現代日本を史料で読む』中公新書）中央公論社　一九八二年

著者略歴

一九七一年生まれ
一九九五年明治大学文学部史学地理学科卒業
二〇〇六年立教大学大学院文学研究科博士後期課程修了
文学博士（立教大学）
現在　成蹊大学文学部助教

主要著書
『昭和戦前期の宮中勢力と政治』（吉川弘文館、二〇〇九年）
『昭和天皇側近たちの戦争』（吉川弘文館、二〇一〇年）
『宮中からみる日本近代史』（筑摩書房、二〇一二年）

人物叢書　新装版

牧野伸顕

二〇一三年（平成二十五）十一月十日　第一版第一刷発行

著　者　茶《ちゃ》谷《だに》誠《せい》一《いち》
編集者　日本歴史学会
代表者　笹山晴生
発行者　前田求恭
発行所　株式会社 吉川弘文館
東京都文京区本郷七丁目二番八号
郵便番号一一三—〇〇三三
電話〇三—三八一三—九一五一〈代表〉
振替口座〇〇一〇〇—五—二四四
http://www.yoshikawa-k.co.jp/
印刷＝株式会社 平文社
製本＝ナショナル製本協同組合

ISBN978-4-642-05269-6

『人物叢書』（新装版）刊行のことば

人物叢書は、個人が埋没された歴史書が盛行した時代に、「歴史を動かすものは人間である。個人の伝記が明らかにされないで、歴史の叙述は完全であり得ない」という信念のもとに、専門学者に執筆を依頼し、日本歴史学会が編集し、吉川弘文館が刊行した一大伝記集である。

幸いに読書界の支持を得て、百冊刊行の折には菊池寛賞を授けられる栄誉に浴した。

しかし発行以来すでに四半世紀を経過し、長期品切れ本が増加し、読書界の要望にそい得ない状態にもなったので、この際既刊本の体裁を一新して再編成し、定期的に配本できるような方策をとることにした。既刊本は一八四冊であるが、まだ未刊である重要人物の伝記についても鋭意刊行を進める方針であり、その体裁も新形式をとることとした。

こうして刊行当初の精神に思いを致し、人物叢書を蘇らせようとするのが、今回の企図である。大方のご支援を得ることができれば幸せである。

昭和六十年五月

日本歴史学会

代表者　坂本太郎

酒井忠清
朱　舜水
池田光政
山鹿素行
井原西鶴
松尾芭蕉
三井高利
河村瑞賢
徳川光圀
契　沖
市川団十郎
伊藤仁斎
徳川綱吉
貝原益軒
前田綱紀
近松門左衛門
新井白石
鴻池善右衛門
石田梅岩
太宰春台
徳川吉宗

大岡忠相
賀茂真淵
平賀源内
与謝蕪村
三浦梅園
毛利重就
本居宣長
山村才助
木内石亭
小石元俊
山東京伝
杉田玄白
塙　保己一
上杉鷹山
大田南畝
只野真葛
小林一茶
大黒屋光太夫
松平定信
菅江真澄
島津重豪

狩谷棭斎
最上徳内
渡辺崋山
柳亭種彦
香川景樹
平田篤胤
間宮林蔵
滝沢馬琴
調所広郷
橘　守部
黒住宗忠
水野忠邦
帆足万里
江川坦庵
藤田東湖
広瀬淡窓
大原幽学
島津斉彬
月　照
橋本左内
井伊直弼

吉田東洋
佐久間象山
真木和泉
高島秋帆
シーボルト
高杉晋作
川路聖謨
横井小楠
小松帯刀
山内容堂
江藤新平
和　宮
西郷隆盛
ハリス
森　有礼
松平春嶽
中村敬宇
河竹黙阿弥
寺島宗則
樋口一葉
ジョセフ＝ヒコ

勝　海舟
臥雲辰致
黒田清隆
伊藤圭介
福沢諭吉
星　亨
中江兆民
西村茂樹
正岡子規
清沢満之
滝　廉太郎
副島種臣
田口卯吉
福地桜痴
陸　羯南
児島惟謙
荒井郁之助
幸徳秋水
ヘボン
石川啄木
乃木希典

岡倉天心
桂　太郎
加藤弘之
山路愛山
伊沢修二
秋山真之
前島　密
成瀬仁蔵
前田正名
大隈重信
山県有朋
大井憲太郎
河野広中
富岡鉄斎
大正天皇
津田梅子
豊田佐吉
渋沢栄一
有馬四郎助
武藤山治
坪内逍遥

山室軍平
南方熊楠
山本五十六
中野正剛
河上　肇
牧野伸顕
御木本幸吉
尾崎行雄
緒方竹虎
八木秀次
▽以下続刊